「転職後」の教科書

3年以内に結果を出す31のルール

大手日系グローバル企業・現役人事部長
グロねえ

PHP

「前の会社への未練が消えない」

「新しい職場での人間関係に悩んでいる」

「転職先でのルールが前の会社と違いすぎて戸惑っている」

「この数年で、何度も転職を繰り返してしまう」

「最近、別の会社から転職の誘いがきていて迷っている」

「はじめての転職活動中。転職後に起こることを前もって知っておきたい」

「後悔するような転職だけはしたくない」

「転職してよかったと、胸を張って言えるような自分になりたい」

この本は、こんな思いを持っている人に贈ります。

はじめに――なぜ、転職後の三年間が大事なのか？

もしかして、この転職、失敗だった？

こんなことなら、前の会社の方がよかったかも……。


そう思ったことはありませんか。

この本を手にしてくださったということは、あなたもそんなふうに思ったことがあるのではないでしょうか？

実は多くの人が、転職後に後悔したり、失敗したという経験を持っています。

私が知る限り、「転職後、何の問題もなく、すべてが順調！」という人は、全体の一割にも満たないでしょう。逆を言えば、**九割の人は転職後に何らかの問題にぶつかったり、悩んだりしている**ということです。

ですので、あなたが今、転職先で悩みがあっても、普通のことですので心配は無用です。

一方で、**押さえるべきポイントさえしっかりと押さえれば、新しい職場で大きな苦労をせずとも、順調にキャリアアップを図ることは可能**なのです。

そもそも、よほどのブラック企業でない限り、転職自体に失敗や成功というのはなく、結局は転職してから自分がどう行動するかにかかっているものです。

実は私自身、十年間で三回の転職を経験しています。いずれも年収も役職も上がった形での転職です。

現在は、四社目となる大手日系グローバル企業（社員一万二〇〇〇人超）で、現役の人事部長として仕事をしています。

一度目の転職は三十七歳のとき。一社目の企業文化がしっかりと沁《し》み込んだ年齢での転職だったので、二社目となる新しい職場に慣れるまで右往左往しました。たくさん悩み、たくさん失敗もしてきました。

この本は「転職を具体的に考えている人」や「転職して、理想と現実のギャップに悩む人」に向けて、転職後三年間で着実に成果を上げ、最短距離でキャリアアップを図るためのノウハウを伝えるものです。

三年というのは、短いようで意外と長く、長いようで意外と短い期間とも言えます。つまり、正しい努力をすれば、確実な成果と成長が望める一方で、何も考えずに過ごしていると何の成長もなくあっという間にすぎてしまう期間でもあります。

そして、**転職者の評価が定まるのも、だいたいにおいてこの三年間**なのです。

つまりこの三年の過ごし方次第で、転職が成功にもなり、失敗にもなり得るのです。

現在私は、「グロねえ」という名前で、転職、キャリア、部下マネジメントなどをテーマにTwitter上で発信したり、質問に答えたりしていますが、そこでのリアルな転職現場の声も、この本には含まれています。

ちなみに、この「グロねえ」という名前の由来は、世界（グローバル）と日本（ローカル）のいいとこ取りを目指す生き方を目指すべく名のり始めた「グローカル姉」を、フォロワーさんが呼びやすい形に変えてくださって定着したものです。今では自分にとっても非常に愛着のある「第二の名前」となっています。

本書には、私自身が実践して成功したエピソードと失敗したエピソードもふんだんに盛り込みました。重要な点は、転職した一年目、二年目、三年目で注意するポイントが違うということです。

端的に説明すると、**一年目は状況把握、二年目は成果を意識して動き、三年目に成果を固めて信頼を得る**、という感じです。ですので、章構成は、それぞれが分かれた形で書かれています。

三回の転職から得られた教訓は非常に多く、本書はまさに転職した当時の私に読ませたい内容となっています。当たり前ですが、成功よりも失敗の方がはるかに多く、今振り返ってみても、顔から火が出そうなことばかりです。

でも、たくさん失敗したお陰《かげ》で今の私があり、こうして本という形で皆さんにアドバイスできることになったので、今となってはすべてに感謝しかありません。

ただ、皆さんには、少しでも転職で余計な苦労をすることなく、最短距離でキャリアアップを図っていただきたいと思い、今回筆をとらせていただきました。

いまや、終身雇用という言葉もすっかり聞かれなくなり、誰にとっても転職は当たり前のこととなりました。むしろ、一社だけで定年まで勤めあげる方がレアケースという時代に突入しているのではないでしょうか。

その一方で、キャリアアップにつながらない転職を繰り返し、苦しんでいる人が増えているのも事実です。

私は基本的に、**「転職は、キャリアアップにつながり、収入や待遇が以前よりも良くなり、仕事の自由度も広がる方が良い」**と考えています。

そして、それは正しい知識を身につけ、正しい努力を続ければ、誰でも可能だと思っています。

本書では、そのことをあますところなく、お伝えしたいと思います。

あなたの転職が幸せな転職となりますように。

グロねえ

グロねえの転職遍歴

一社目（二十三歳のとき）

新卒で入社した外資系IT企業。「現場」の専門職に従事。寿退社した二年後に再入社。退職前の専門職に戻った後に、産休・育休で一年ほどお休みをいただく。育休明けに、自分のワーキングマザーとしてのキャリアを考えた際に新しい仕事に挑戦したくなり、社内異動に応募し、人事系の仕事に就く。その後、労働組合の専従役員に。「この会社で自分がこれ以上できることはなんだろうか？」と悩み始めた頃に、リファーラル（知人の紹介）で一回目の転職。

二社目（三十七歳のとき）

外資系のお堅い業界。人事のマネジャー（課長レベル管理職）として役職も給与もアップしての初転職。組織開発や研修を担当する傍ら、ダイバーシティ関連のプロジェクトをリードするも、入社数カ月で大手企業に吸収合併される。

合併後の新会社でダイバーシティ推進の組織を立ち上げ、日本における責任者に。プレッシャーが増すも、裁量がどんどん広がり、やりたいことができる環境で仕事の面白さを心から体感。社内のみならず同分野において社外ネットワークの立ち上げと運営に携わる中で声がかかり、「自分の力を同業他社でも試してみたい」と考え、リファーラルで二回目の転職。

三社目（四十四歳のとき）

二社目と同じ業界の外資系企業。ダイバーシティ推進関連の責任者として入社。ほぼ社長直轄の状態での職務遂行で、責任とタフさは前職以上であったが、女性活躍推進が中心であった部門の業務範囲を本来のダイバーシティ&インクルージョンのあるべき形まで拡大する。営業部長であるキーパーソンを見つけ、「現場」を巻き込んでの施策展開で自分なりに手応えのある成果をいくつか残す。

楽しく成果を出し続けるも、成長の行き詰まりを感じていたところに転職エージェントから声がかかる。これまで外資系企業しか経験がなく、初の日系企業であることに不安を感じたが、「本社の立場」からの仕事をしてみたいと考え、転職を決意。

四社目（四十七歳のとき）

初めての日系企業。これまでの業界と異なる上、新卒以来属していた外資系との雰囲気の違いに大きく戸惑う。過去の転職とはまた違った形での苦戦や試行錯誤をしながらも、「この歳で新しいことにチャレンジして、成長できる環境はそうそうない」と思い奮闘中。入社から二年ほど経ち、ようやく日系企業での立ち居振る舞いにも慣れ、面白みとやりがいを感じているところ。

ブックデザイン◎宮澤来美

「転職後」の教科書

Contents

はじめに——なぜ、転職後の三年間が大事なのか？ 004
グロねえの転職遍歴 009

1年目

忍耐力と順応性が問われる

1 前の会社との比較はしない 020
2 「お手並み拝見」を覚悟する 026
3 キーパーソンを押さえる 032
4 「あのままいたら…」は考えても無駄 038
5 前任者の印象を塗り替える 044

6 想定外はいつでも起こる …… 050
7 「仕切り直しマインド」を醸成する …… 056
8 どこまで行っても隣の芝生は青い …… 062
9 「新人で入社した気持ち」を忘れずに …… 068
10 この人は！と思う人を見つけ、とことん学ぶ …… 074

2年目

「巻き込み力」を使い、成果を上げる

1 チャンスは恐れず活かす …… 082
2 成果を得られたら次のステップを意識する …… 088
3 「顧客第一主義」の徹底を意識する …… 094

4 巻き込み力が自分の成果に戻ってくる……100
5 自分にしかできない仕事を意識する……106
6 いきなり大きな成果を狙わない……112
7 「尖り」、一目置かれる存在になる……118
8 泥臭い仕事をとことん楽しむ……124

3年目

次なるステップに向けて挑戦し続ける

1 転職エージェントからの声かけは、とりあえず聞いてみる……132
2 ラクで楽しいと感じたら次のステップに進む合図……138
3 ラクに仕事を回せるようになったら、人に譲る……144

4 社内外から声をかけられる立ち位置をとる …… 150
5 ダントツのリーダーシップを発揮する① …… 156
6 ダントツのリーダーシップを発揮する② …… 162
7 「信頼残高」を着実に貯めていく …… 168
8 挑戦し続け、成果を積み上げる …… 174

まとめ

成功する転職・失敗する転職

1 転職するとしたら…短期間の繰り返しには要注意 …… 182
2 三年で一サイクルを「クセ」にする …… 189
3 過去の栄光を捨てる勇気を持つ【マインド・メンタル編】 …… 196

4 過去の棚卸しをする【スキル・技術編】……202
5 前に進むための転職や社内異動で自分をバージョンアップ……208
おわりに……214

1年目

忍耐力と順応性が問われる

1

前の会社との比較はしない

期待に満ち溢《あふ》れて転職をしたのに、「現実」が目につき始めて、こんなことなら前の会社の方が良かったなあと思うことも。けれども、そうやって比較することは意味がなく、百害あって一利なしです。

エピソード

私も初めて転職をしたときは、良くも悪くも、前の会社と比較してしまいました。私の場合は、それをはっきりと口に出して社内の人間関係に影響が出てしまうようなことはありませんでしたが、自分の中での「処理」に結構時間を取られてしまいました。

私にとって新卒から二社目となる会社は、一社目と同じく外資系でしたが、業界が異なるゆえか、スピード感や「常識」がまったく異なっていて、かなりのカルチャーショックを受けました。

まずスピード感ですが、新しい会社はとにかく「遅い」の一言でした。

前職は「スピードが命」のＩＴ業界だったこともあり、徹底した効率化を意識した仕組みや制度・システムが導入されていました。

一方で、転職した先は、研究開発にとことんお金と時間をかけ、法律でいろいろと規制をされる業界。それゆえ、すべてに慎重で、時間もゆったりと流れている感じでした。

意思決定のプロセスも複雑で、決定するまでの時間をかなり要する会社。かつ業界的に、年功序列がベースで、とにかく上下関係が厳しい。肩書きで呼び合う。これが同じ外資系なのか?と思うくらいの違いでした。

この「肩書き洗礼」は、転職初日から受けました。私は管理職として入社し「マネジャー」という肩書きがついていたのですが、入社早々「○○マネジャー」と呼ばれて違和感を覚えたのです。

以前の会社は、肩書きなどでは一切呼ばず、社長ですら「さん」づけ。皆フラットに接していました。そんな環境で十五年もやっていましたから、いきなり「マネジャー」と呼ばれてもピンとこない。そして呼んでくれた人に「マネジャーってつけないで良いですので」と断ったところ「いや、それは失礼ですから。うちの会社は肩書きで呼びます。部門によっては違うところもありますが、メール上では絶対につけないといけないので」と言われ、驚愕しました。

メールでうっかり肩書きをつけ忘れたときには、CCに入れた人から即連絡が入って、詫びと再送するように言われたこともありました。その他、宛先の順序を偉い人順にしなければならない、しかし、部門によってはただの「さん付け」で良い、外国人はファーストネームでOKなどなど……私にとっては「どうでもいいこと」が慣習とされている会社でした。

おかしいと思って生意気に言ってはみたものの「前の業界とは違うんだし、これがうちのやり方」と言われてしまう。とにかく素直に従うしかない状態でした。このギャップに、転職直後の私はどうにも馴染《なじ》めず、「私はこの会社・業界でやっていけるのか」と非常に不安になったことを覚えています。

私の場合は「余計な一言」を発することはほぼありませんでしたが、内心思うことはたくさんあってストレスを感じていた――そんな転職一年目でした。

成功アドバイス

どの会社に入っても、どの業界に行っても、**必ずその会社特有の慣習や暗黙の了解といったものはあります。**

前の会社との比較がすべて悪いわけではありません。

今の会社に、前の会社より良い部分があれば、そこを積極的に伝えると好印象を与えられる場合もあります。

当然のことながら、人の心情として、良いことを言われたら悪い気はしませんよね。ただ、これはこれで意図的にやると媚《こ》びているように見えるので、要注意ではあります。しかしマイナスに働くことは少ないです。

一方で、**比較して悪いことは言わない方が無難です。**

時々、上司や同僚などから「せっかく転職してきたのだし、おかしいと思うことは言って」と言われる場合もありますが、その言葉を鵜呑《うの》みにして、ここぞとばかりに悪いと思う点を次々に言い出すと、言われた相手は、自分が今までいた環境を否定されていると感じてしまい、良い気分にはなりません。

自分が逆の立場だったなら、「そこまで言うなら、わざわざ転職してこなければいいじゃないか」と思うのではないでしょうか？

ですので、悪いことに関しては、うまく伝わらず変な誤解を生むくらいならば、少なくとも一年目は我慢して言わない方が良いでしょう。

いろんな思いを自分の中に留めておくのは、なかなかしんどいものですが、**社外の人に話すなどしてうまくストレスを発散しましょう。**そして、どうしてもこうした方が良いと思われるものがあるならば、一年目は耐え、二年目以降、自分が発言できるような環境になったときに、改善策とともに言えるように準備しておくことです。その場合にも、発言の内容や提案の仕方は、空気を読んで慎重に行うことをお忘れなく。

転職1年目のPoint❶

前の会社との比較は
どんなにしたくても我慢。
どこに転職しても
同じことの繰り返しなので、
そんなものかと割り切って！

2

「お手並み拝見」を覚悟する

入社すると徐々に感じられる周囲からの視線。良くも悪くも「どれくらいのことができる人なのか？」と「お手並み拝見」をされるものです。

エピソード

私の一回目と二回目の転職は、知り合いを通じてのものでした。いわゆる「リファーラル採用」（その会社にいる人や知人などからの紹介）です。

知人がいるということで、自分自身も大きな緊張をすることなく入社できたのは幸いでしたが、「お手並み拝見の洗礼」をしっかり受けました。

一回目の転職後、つまり二社目では、好意的に受け入れてくれる人がほとんどだったのですが、生え抜きで中途採用者にあまり良い感情を抱いていない五十代後半の「おじさま」は、初日からあからさまに「お手並み拝見」オーラで威圧的に接してきたのです。

その人は人事部で、中途採用者のオリエンテーションをする人でした。私も人事部配属だったので、「同僚」に当たります。

私としては、どちらかというとこのおじさまに親近感を抱きながら「安心して」オリエンテーションに臨《のぞ》んでいたのですが……突然、参加者全員に対して「まあ、転職する人って、愛社精神が薄いわけで、うちの会社でもいつまでいるかわからないし、今までの実績があっても、それが活かせるとは限りませんからね」と言い放ったのです。

最後には「三年いれば、『うちの会社』って言うようになるでしょう、自然と。それまでは前の会社のことを引きずって、前の社名を言っちゃう人もいますしね。皆さんが『うちの会社』と自然に言えるくらいになるまで、我が社にいて活躍されることを祈ります」と一応「祝辞」的な言葉もくれましたが……。

これを聴いた参加者の中には絶句している人もいましたが、転職を数回している人はまったく動じず、笑うくらいの余裕っぷり。

私は初めての転職でしたし、これから自分が配属される部署の人からのレクチャーでしたので、カウンターパンチを食らった感じでした。

オリエンテーションが終わり、自分の席に向かうときも、同じ部署ということでその人が連れていってくれたのですが、移動中に、「まあ、業界も違うところからきているし、今までとはまったく違うだろうけど、やれるところまで頑張ってくださいね」と言われ、「お手並み拝見」をひしひしと感じました。

その後、しばらくは「みんなからお手並み拝見と見られている」と萎縮する気持ちと、「絶対に成果を出さなくては」というプレッシャーと、「絶対にやってやる！」という自分を鼓舞させる気持ちの間で行ったり来たりしていました。

「どれくらいできるのかね？」と口を出さずに見られているのも相当のプレッシャーではありますが、「うちはこういうやり方なんで」と先手を打たれて、自分の前に大きな壁が立ちはだかったように感じたこともありました。

その後も、「これはこの業界では常識なんだけどねえ……」みたいなことを言われたり、「へえ、それで前の会社はよかったんだ。うちではそのやり方じゃ企画は通らないね」などという言葉を何度となく言われました。

今思えば、本当に自分の実力不足であったり、良い結果を早く出さねばといきがっているのが見え隠れしていたようにも思います。

そして何より、**「お手並み拝見」というのは「転職後に起こり得る常識」なのです**が、このときの私は初めての転職でしたので、耐性がなかったのだなあと思います。

成功アドバイス

仕事というものは成果を出すことで認められます。

転職だけでなく、新しい業務やプロジェクトが始動したときには、上司や同僚から「お手並み拝見」という目で見られているかもしれませんし、自分も同様の見方を他人にしている部分もあるでしょう。

それが転職ともなれば、あからさまに感じられるというだけのことです。

それを「期待」として受け止めるか？　「プレッシャー」として受け止めるか？

どんな視線であれ、その視線をプラスに活かすことを心がけて、気にしないのが一番です。

そして粛々《しゅくしゅく》と、自分がすべきことに集中する。気がついたときには「お手並み拝見」の視線は感じられなくなっているものです。

逆に、「何も言えないくらいの結果を出して、黙らせてやる！」という気持ちでやりすぎて、それが相手に伝わってしまっては元も子もありません。仮に結果が出せたとしても、**敵対心が伝わってしまうと、その後の周囲との人間関係に悪影響となることもあります**ので、その辺りは「大人な対応」を心がけましょう。

「お、これは自分に対する期待なんだなあ。徐々に本領を発揮していきますかね」と虎視眈々《こしたんたん》と相手の期待値を大幅に上回る成果を上げる日を想定しながら、その日のために積み上げていく。それが注力すべきことでしょう。

転職1年目のPoint❷

「お手並み拝見」は
転職したら誰もが必ず通る道。
焦らず、気負わず。
ニッコリと結果を出すことだけに
集中する！

3

キーパーソンを押さえる

転職したら、なるべく早くキーパーソンとなる人を見つけ、押さえる。キーパーソンさえ押さえれば、社内人脈や信頼を広げやすくなります。

エピソード

二回目の転職、つまり三社目は、前職の実績を買われてダイバーシティ推進責任者としてのポジションで入社したのですが、その会社にはすでに海外の本社を含めてそれなりの「歴史」あるチームが存在していました。

ただ、それが女性に関する施策に偏りすぎていたことと、途中で責任者が不在で兼務となったことで、私はその立て直しと発展のために声をかけられたのです。

「これまでのベースがあるわけだし、短期間でいろいろな変革を起こせるかな？」

そう思っていたのですが、後に、これは甘い考えであることに気づかされました。

なぜなら、社員の「ダイバーシティ」に関する認識が、「曲がったもの」になっていたからです。

その会社がダイバーシティという名の下で展開していた施策の実体は、「女性活躍推進」だったのです。それもかなり極端なやり方でグイグイ進めている感じでした。

そのため、私が入社した時点での会社の雰囲気はというと……男性は男性で、女性ばかりが優遇されているような状況を面白く思っておらず、女性は女性で、自分たちばかりに目が向けられることへの疲れと男性社員からの視線で、活躍どころか居心地が悪い様子でした。

「この状況をどう打破して、形勢を変えるか?」と考えていた際に思いついたのが、「営業部のキーパーソンを見つける」ということでした。

私は今でこそ人事関連の仕事が長いのですが、新卒時はいわゆる「現場」配属でした。その経験からも、現場の視点を重視した「現場主義」を貫きたかったのです。

このような背景があったため、ダイバーシティを推進する委員会のメンバーの中でも、営業部を代表してきていた部長のAさんはまさに、私にとってのキーパーソンでした。

Aさんは若くして部長となった人で、社内でAさんのことを知らない人はいないという有名人。少々生意気な(ヤンチャな)性格ながらも仕事の成果をしっかりと出しており、人望が厚い——そんなふうに思われている人でした。

一方で、仕事には相当厳しい人だという噂も耳にしていたので、Aさんとどう関係を構築しようかと悩みましたが、偶然にも、Aさんとは同じ関西出身だということがわかり、その共通項から一気に距離感を縮めることができました。

もちろん、関西出身ということだけではなく、運良く「相性が合った」部分もありますが……。何よりも、私が真剣に会社を変えたい、営業の方と一緒に変えていきたいという気持ちが伝わったのだと思います。

実はAさんは、「ダイバーシティと言いながら極端な女性活躍を推進するのは、おかしい。それはダイバーシティの本質ではないだろう」と強く思っていて、それまでの会社のやり方や考え方に「反抗」していたのです。

そこで私は、単に「女性を」ということではなく、一番社員数が多く、会社を支えている「営業部のため」にダイバーシティを推進したい、そして現場から会社を変えたいと訴えかけました。

こうして私の本気度が伝わり、人望あるAさんを味方につけたことで、私の三社目での「活躍」や「成果」に大きくつなげることができたのです。

成功アドバイス

キーパーソンを押さえての人間関係の構築が、「手っ取り早く」確固たるベースを作る上でのベストな方法だとは思いますが、入社した直後ではそもそもどの人がキーパーソンなのか見極めることは難しいと思います。

すぐに見つからなくても良いので、数カ月かけて見つけていく、というくらいの気持ちで良いと思っています。

多くの場合、役職が上の人がキーパーソンということになりますが、変に近づくとゴマをすっているだけと思われてしまいます。

ゴマをするのではなく、自然と可愛がられるようになるのです。可愛がられると、さまざまな場面において気にかけてもらえるので強力な武器になります。

これが「ゴマすり」でキーパーソンを押さえて人間関係を築こうという方法だと、あからさまにいやらしいため、周囲との人間関係を壊しかねません。長い目で見たらそれがマイナス要因となることもあります。

後々のトラブルの元を作らないという観点において、**あくまでも自分がその会社で活躍し、成果を出していく上での「キーパーソン探し」をする。**そういう人物を見つけた後にはしっかりといい関係を作る。とにかく「ていねいに」人間関係を構築する。このステップを忘れないことが大切です。

転職1年目のPoint❸

仕事がうまくいくかどうかは
人間関係がすべて。
後々の大きな「見返り」を楽しみに、
「良い人」とのつながりを意識する！

4

「あのままいたら…」は考えても無駄

前の会社やそこでの実績を懐かしんで、「○○していたら」「□□していなければ」といった「たら・れば」はついついしてしまうもの。でも、はっきり言ってそれは時間の無駄です。

エピソード

四社目に入社して一年弱が経《た》った頃、私は自分が納得いく成果がまだ見えない状態で、モヤモヤしていました。

そんなときに過去の部下や同僚から「その後どう？」という連絡がきたのです。自分の不甲斐なさを感じていたタイミングだったので、気持ちが前の会社に引きずられました。さらには「なんであのタイミングで辞めちゃったんですか？　もったいない。今、グロねえさん（実際は本名ですが）が仕掛けていたことが、花開いている感じですよ。もう少しいたら良かったのに」と言われて、返す言葉がありませんでした。

あのまま残っていたら、私はもっと成果を出せたのかもしれない。今の会社に入って数カ月経つのに、企画だけで行ったり来たりして、何も成果を出せていない。これでよかったんだろうか、と。

「いつでも戻ってきていいよ」と言ってくれる前の職場の人がいると、苦しいときにその言葉をつい思い出してしまうのです。

「今ならまだ戻れるか？」

「いや、さすがに今、辞めるわけにはいかないでしょ」

そんな葛藤を続けていました。

このような状態で、良い仕事ができるわけはありませんが、なかなか割り切れない自分がいました。

そして、組織を無事に立ち上げたものの、そこでの働きがほぼできていない状態が続いて悶々としていたとき、大きな組織変更がありました。それにより、また私にも試練がきました。

新しい組織体制なので、人間関係も再構築が必要となったのです。

組織人ですから、想定外のことは起こりますが、自分がようやく「頑張れそうかな」と思っていた矢先でしたので、出鼻をくじかれた感じでした。

ただ、**この組織変更によって担当する範囲も増えたので、自身のさらなる成長につながるものになることは確信できました。**

この年齢にして、そんなチャンスは滅多にないと感じましたし、何より、成長し得る環境を求めて動いたのは自分でしたので、「この与えられた環境でやりきるしかない」と腹を括《くく》りました。

あのままいたら……といった「たら・れば」は考えても意味がないことです。

「どこかで割り切りは必要だ」、そう自分に言い聞かせて乗り越えました。

成功アドバイス

あのままいたら……と妄想すること自体は、悪くないのかもしれません。

それを元に自分を奮起させて「あのままいたら、自分はこうなれていたかも……

ということは今の自分にもできるはずだ！」くらいに考えられるなら、問題はないでしょう。

しかし多くの場合、ただただ過去に引きずられてしまうことがほとんどです。

そして度がすぎると、過去にしがみついているだけの意味のない空想で終わり、得られることは何もありません。

同時に、**「あのままいたら……」と思う状況というのは、リアルが充実していない証拠でもあります。**だからこそ現実逃避をするのです。

その現実逃避は、今の会社で実績を上げていくのにプラスになるものでしょうか？　仮にプラスに使える要素があるならば、そのまま考え続けても良いかもしれませんが、実際には、マイナスの方に働きかねません。

さらには、そこからどんどんマイナス思考の負のスパイラルが始まり、「この転職は間違っていたのではないか?」などと考えてしまうことも。

そうなってしまったらすべてが嫌になったり、悪く見え出したりするものです。

その結果、稀《まれ》にですが本当に前の会社に戻る人もいます。それが自分のキャリアにもプラスに働くのであれば、ありかもしれません。

しかし多くの場合は、前の会社に戻ることなく、今の会社で働き続けることでしょう。

そうやって、**前向きに転職した今の会社での実績を積み上げていくしかないのです。**

それで過去よりもさらに良い成果を出して、自分で自分の選択を「正しかったもの」にする(正当化)しかないのです。

ですから、プラスに働くことのない空想は、一刻も早く止めましょう。

転職1年目のPoint❹

いつでも「たら・れば」と
うだうだ過去に浸るな！
一度選んだなら、
前に向かって進むのみ！
それが転職先での成功への第一歩‼

5

前任者の印象を塗り替える

前任者がいた場合、良いイメージであれ悪いイメージであれ、その「残像」が残っていて、どうしても比較されてしまいます。過剰に気にすることなく、今自分にできることをしましょう。

エピソード

三社目は二社目と同じ業界への転職でした。

自分が転職「慣れ」をして、転職した先での処世術のようなものを得てきたことも功を奏したのか、三社目では自分らしくのびのびと過ごすことができました。

ここで少し、私の専門であるダイバーシティのお話をさせていただくと……。

本来のダイバーシティという概念においては、女性活躍推進はほんの一部にすぎません。しかし、多くの日本企業は「ダイバーシティ＝女性活躍推進」と勘違いしているのが実情です。

たしかに、マイノリティの中のマジョリティである女性にフォーカスし、「その状況を解決できていないのにダイバーシティ全体に取り組むのは無理だ」という考え方も一理あります。ただ、「木を見て森を見ず」の会社が多いのです。

三社目もこれまでと同じ外資系だったので、当然本国の動きがあります。前任者も全体像を理解していたはずですが、極端な女性活躍推進への舵きりがダイバーシティに対する印象を悪くしていました。

当時、現場の社員で構成されるダイバーシティ推進委員会がありました。私はそれをリードする立場だったのですが、私が就任後の初の委員会会議は、若干冷めた感じがありました。

「はいはい、あなたは女性活躍推進をしにきたんでしょ」といった具合です。

私にとってその委員会のメンバーは、自分の推進したい施策などを全社に展開する上で欠かせない、絶対味方につけたい人たちです。もしも敵に回したら、何の身動きも取れなくなります。

冷めた雰囲気に面くらったものの重要な人たちだとわかっていたので、初回の印象づけに重きを置きました。

作戦としては、「私はあなたたちの敵ではない。学ぶ姿勢を持っていますので、いろいろと現状を教えてください。そして一緒により良い会社にしていきたいです」ということをアピールする、でした。

何よりこれは、作戦というよりも、本心でもありました。

また、彼らとの距離を縮めて自分の「味方」にしなければ、この会社で成果を出すことが難しく、自分自身の居場所がなくなると感じていました。

この強い思いを胸に臨んだ初回の委員会会議は、結果としては成功裏に終わりました。いきなりの信頼感は当然得られませんでしたが、「ん？　今までとは違う何かをしそうだぞ」と受け止めてもらえたのです。最初の印象で、マイナスではなく、若干のプラスを与えることが大事だということを過去の転職から学んでいたので、それを活かした結果です。

そこからも会議以外の時間を含めてメンバーと接する機会を増やし、ていねいにコミュニケーションを取り、人間関係の構築に努めました。

少しずつ前任者の残した印象を塗り替えていく、一気には無理でも徐々に。その結果、これが後に大きな威力を発揮すると確信しました。

成功アドバイス

前任者の印象が悪かったものを塗り替えるのとは、逆のパターンもあります。つまり、前任者が残した功績が大きすぎる場合です。

そのイメージを払拭《ふっしょく》するのもなかなか苦労します。

あの人はこうやっていてすごかったのに……と比較されて、必要以上にプレッシャーを感じることもあるでしょう。

その場合も、やることは変わりません。

前任者の印象が悪くても良くても、自分の色に塗り替えなくてはいけないことに差はないのです。

ただし、気をつけなくてはいけないない点があります。

前任者の印象が悪かった場合、たとえその人の悪口を聞いたとしても、同調して一緒になって言わないことです。仮にその人がすでに退職していたとしてもです。

つい「仲間」になりたい気持ちが働いて、話を合わせてしまいがちですが、一度でも悪口のようなことを言うと、あなたがそういう人だと思われてしまいます。ですので、絶対に悪口は言わないことです。

ましてや、人が言っていないにもかかわらず、自ら「これはひどいですね」などというのはもってのほか。正直、そう言いたくなる状況は往々にしてありますが、その場合でも、ぐっとこらえましょう。

一方、**前任者の印象が良かった場合、そのときには「さらにより良いものにしよう」という前向きなことだけにフォーカスしましょう。**何かを期待されて採用され、その仕事にアサイン（任命）されたわけですから。そこは自分にしか出せない価値を意識し、結果を出すのみです。

転職1年目のPoint❺

前任者がどんな人であれ、
自分にしか出せない
価値を意識し、
結果を出すことに集中する！

6

想定外は いつでも起こる

仮に転職しなかったとしても、今の会社がずっと同じ状態であるとは言えません。どこに行っても常に何かが起きるくらいの心がまえでいるべきです。

エピソード

最初の転職で二社目に入り、徐々に慣れ始めた頃に「事件」が起きました。

私にこの転職の声をかけてくれた人と、遅めの転職祝いの食事会をしていたときのことです。

「ちょっとメールを見る」といってスマホを手にした彼が固まりました。

そして言いづらそうに、ショックを受けた様子でこう言いました。

「買収された……」

「え？」

何を言っているのかわかりませんでした。

実は私が転職した会社は規模や当時の業界の特性から「いずれ買収される可能性もあり得る」ということを入社前から聞いていました。ですから、いつかはそういうときがくるかもしれないとは思っていたのですが、入社して数カ月というあまりにも早いタイミングでやってきたのです。

しかも、「買収されるとしたらこの辺りでは？」と予想されていた会社とはまったく別の、想定外の企業からでした。当時の社員は「あの会社に買収されるくらいなら辞める」と言っていたくらい、文化が違うところでした。

中には、その買収された会社から転職してきたばかりの人もいて、「何のために転職してきたんだか……」と嘆いていたり、すぐさま「もう転職する」と転職活動を公言したりする人もいました。

周囲の反応を見聞きすればするほど不安に駆られ、私も転職して間もないけれど転職すべきだろうか？とすら考えました。入ってわずか数カ月にもかかわらず……。

実は、これが一度転職した人の陥りやすい思考でもあります。

一度転職を経験すると、転職することがそれほど怖くなくなってしまうのです。

「まあ、なんとかなるか」という感じで、気軽に転職してしまう。心理的ハードルがぐっと低くなるのです。

でも入社して数カ月。当然のことながら、成果など何も残していません。私は自分の仕事をしていく上でのモットーとして「惜しまれて辞める人材になる」を掲げています。これは、いい加減に仕事をしないという気持ちでもあります。

そしてこのモットーは一社目でのさまざまな経験を通じて、自分で決めたこと。この軸だけはぶれさせることはできません。それをしてしまうと気持ちよく送り出してくれた前の上司にも申し訳ない。この会社に呼んでくれた人、その呼んでくれた人を信じて私を採用してくれた今の上司にも申し訳ない。その思いが私を踏みとどまらせせました。

席取りゲームのような合併の現実の厳しさを感じながら、とにかくこの会社の社員のためにという意識を強く持ちました。このときから「人の役に立つ」ことをベースにして仕事をするというスタンスがより一層培《つちか》われたように思います。

いずれにしても、この「追い込まれた」状態が、余計なことを考えるのを放棄させました。

自分の身はどうなるのか？　転職した方がいいのだろうか？とじっくりと考える間もなく時間がすぎていったのです。

成功アドバイス

入社後の「想定外」は大概起きるものです。転職を数回繰り返していれば、経験値が高まり、そんなものだと割り切れるのですが、転職初心者だったりすると、入社後の「想定外」を逆恨みする人もいます。そして頭の切り替えができないまま、話が違うといって、次の転職に進む人も。

その「再転職」が結果として良かったとなることもありますが、多くの場合は、単なる「逃げ」となってしまいがち。転職して何も結果を残していない状況において、それが後々正しい選択だったといえるかどうかは正直難しいところです。

想定外のことや、入社前に聞いていた条件・環境が変わることは、どこに行っても起こり得ます。となると、ちょっとしたことで嫌だと思い、もっと良いところがあるはず、と転職を容易に考えて動くのは危険です。また同じことを繰り返す可能性が非常に高くなるからです。

もしくは、一度逃げて転職した先で似たような想定外が起きると、仕事そのものにやる気を失って、パフォーマンスが落ち、結果として自分から動くどころか、立場が悪くなり辞めざるを得なくなることすら起こります。

変化が激しい世の中ですので、変化をしないことは衰退でもあります。変化に対応している会社はそれだけ強いと言えるかもしれません。

もちろん導入されると聞いていた制度やシステムが入らないなど、変化とは違ったマイナス方向の「想定外」もありますが、これもどこの会社に行っても同じこと。その辺りは、しょせん「会社だから」と割り切り、少しでも良い部分に意識を持っていきながら、前に向かい、成果を出すことに集中する。それが転職した先で第一優先で意識すべきことでしょう。

転職1年目のPoint❻

変化の激しい時代に
「聞いてないよ！」は当たり前。
現状維持は衰退。
時代に即した変化は
受け入れざるを得ないと
割り切りも大事！

7

「仕切り直しマインド」を醸成する

想定外が起きたとき、「仕切り直し（巻き直し）マインド」を持てるか持てないかで、その後の結果が変わってきます。

エピソード

私は四社目で、自分の立場に関わる「大きな想定外」を経験しました。入って早々の組織変更で、入社前の面接で聞いていた仕事とは別の業務にアサインされたのです。自分の力を発揮できる得意分野のことに、ほぼ手をつけられないというまさかの「想定外」です。

なんとなく落ち着かない一年で、本来であれば、最初の一年で押さえるべき「人間関係」や「仕事に対して一二〇%でやる意識」が実践できない状態でした。

それと同時に、今までの転職とは違う「感触」も感じていました。それは外資系から初めての日系企業への転職というのが一つの要因であったと思います。

なんだか悶々としている日々が続いている中で、自分を奮《ふる》い立たせたのは「転職すると決めたときの理由」を思い出すことでした。

外資系と違って、日系企業は日本が「本社」です。日本での決定事項で世界の支社が動くという部分も多くあります。

今までずっと外資系で、逆に本社から降りてきたことを実行することが多い状況でしたので、その「本社」の立場で仕事をしてみたいというのが、私が転職を決めた大きな理由でした。

その理由を思い出すことによって、「まだ何もできていないし、過去を振り返ってもダメだ」と思い、「仕切り直して乗り越えられる」と自分を鼓舞していきました。

すべてが順風満帆《じゅんぷうまんぱん》にいけば幸せですが、世の中そう簡単にはいきません。そのときに、思考停止に陥らずに「仕切り直せる」かどうかが大切なのです。

変化が激しい世の中で、何が起こるかわからない。そういった中で徐々に愛社精神が湧いてくるのも事実です。

新型コロナというパンデミック下においても社員を守り、少しでも成長させる機会を作ろうとしてくれる会社の姿勢を見て、改めて「今の会社に入ってよかった」と思いますし、自然と「会社のために何かをしなくては」という気持ちにもなってくるものです。

そんな気持ちになれたのはこれまでの期間、思い通りにいかなくても、ふてくされず前向きにやってきたからです。

仮に私が、前職や外資系企業の良かったところばかりを思い出し、手も頭も止めて、諦めモードで適当に仕事をこなしているだけだったら、「仕切り直して巻き直しができる」とは言えなかったかもしれません。

成功アドバイス

意気揚々と転職したとしても、実際には、本書に書いているように、実にさまざまなことに遭遇するものです。それゆえ「順調な一年目」を過ごせる人の方が少ないと思った方がいいでしょう。

想定外のことが起きたときには、**すぐ次へと頭を切り替えられるようにしておく**ことが大事です。

転職をしている時点で、そもそも柔軟性のある人が多いと思いますが、そういう人にとって、本来マインドの切り替えはそれほど難しいものではないはずです。しかし想定外の渦中《かちゅう》にいると、思考は急に停止してしまうものです。

それをあらかじめ理解した上で、動じることなく淡々とやるべきことを進める。「みんな同じ、自分だけじゃない」というように捉えて、成果を積み重ねていきましょう。人はいつでもやり直しや巻き直しはできますから。

ただ、現実的な話をすると、やはり巻き直しをするにしても、**転職一年目の過ごし方は非常に重要**だと改めてお伝えしたいです。

一年目を適当に過ごして、二年目以降に巻き直しを図ろうとする場合、できないことはないでしょうが、ゼロからでなくマイナスからのスタートとなるので、その分の労力が必要になってきます。

一度ついたイメージを払拭するのは、とても大変なことですし、その大変さは容易に想像できると思います。そういった意味で、一年目の過ごし方を間違ってはいけませんし、ベース固めの重要性を繰り返し強調したいです。

ただ、どうしても一年目に自ら手を挙げて動く機会がなかったならば、二年目でのチャンスを狙い、自ら進んで取りにいきましょう。

さらにいうならば**「仕切り直しマインド」**。

これは、転職一年目に限らず、いつ何時でも大事な要素だと思っています。この切り替えスキルを持っていたら、タフなことが起こったとしても、その都度《つど》、乗り越えていけるでしょう。

転職1年目のPoint❼

ジタバタしたところで、
予定していた通りに
物事が進まないことの
事実は変わらない。
ドンと構えて
「さて、またやりますか！」

8

どこまで行っても隣の芝生は青い

転職前に「青い芝生だった」会社が、転職後に逆転。転職前の会社の方が「青い芝生」に見えたりします。これも「幻想だ」と早々に気づくかどうかが、その後に響きます。

エピソード

これまで三回転職をしている私ですが、「隣の芝生は青い」状態が続いて「割り切り」をするまでに一番時間がかかったのは、免疫のなかった一回目の転職、つまり二社目においてでした。

新卒で入社した会社に十五年ほどいたので、そこから見える転職先の新しい「世界」は非常に輝き、「青々とした芝生」に見えていました。

特に、自分の中でかなり「美化」していたと思います。

いつか「こういった形で社会貢献できたらいいな」と思っていた「人の命に関わる業界」でしたので、いろいろな空想というか妄想もして、「理想像」を作っていたのでしょう。

しかし、現実は甘くありません。入社して早々にわかった「現実」を目の当《ま》たりにしてから、「隣の芝生は青い」症候群が始まりました。

入ってみて驚いた数々の「昭和感」。年功序列、呼び方に肩書きをつける、承認プロセスがたくさんある、システムがイケテナイなどなど……。

前の会社はＩＴ業界ということもあったとは思いますが、実力主義を地でいっていて、社長さえも「さん」で呼ぶ、何事もスピード勝負、システムは当然最新で使いやすいもの……が普通の世界でした。

その会社のカルチャーというより、業界の特性が出ている状態だったのです。

二社目は規制の厳しい会社、顧客側も年功序列で成り立っている世界の人々なので、そこに合わせようとすると自然に堅苦しくなり、肩書き重視で、スピードも遅くなり、すべてにおいて法律や規制に合わせることが大事で慎重になる……。

そういう業界だから、それが会社のカルチャーにも反映されているのだと頭では理解していても、体がついてこないのです。

年功序列について言うと、実際に年齢が上で能力などが素晴らしい方も多かったので、その点は百歩譲るとしても、肩書き重視や諸々のスピードの遅さには苛立ちを覚えました。

そういった、些細な「苛立ち」を覚えるときに、「ああ、前の会社では、こんなことはすっと決まったのに」とか、「いちいち人の肩書きに気をつけるなんてばかみたい。前の会社にいたら、そんな神経を使わずにできたのに。時間の無駄だなあ」などと、思ってしまったのです。

ふと気づくと、「前の会社って、めちゃくちゃ恵まれていたんだなあ」「ここもあそこもよかった」などという思いで頭がいっぱいになり、「そもそも、なぜ転職したんだっけ？　あのままいたら、こんな感じで仕事をしていることはなかったのに」と、前の会社が「隣の青い芝生」化していきました。

でも、「本当に戻りたいか？」と問われると、「NO」と答える自分がいました。なぜならば、前職ではいくつかの職種において「やりきった感」があり、新しい業界で新たなチャレンジをしたいという思いの方が強かったからです。

いくら「青い芝生」のように見えたとしても、それが自分にとっての「青い芝生」になるとは限らないんだよな……と、そのとき悟ったような気がしました。

成功アドバイス

隣の芝生が青く見える、割り切ろうと思ってもなかなかできない……自分の置かれた状況によっては、気持ちが行ったり来たりすることは起こるものです。

転職後、充実してそうに見える人でも、一度や二度は陥っている症状なので、初めての転職であれば、なおさらでしょう。

そんなときには**「なぜこの転職を選んだのか？」をじっくり考える**のが一番です。

この本の読者は逃げではない前向きの転職をして、選んだ会社で何かを成し遂げたいと思っている方がほとんどだと思います。であれば、転職を選択した大きな理由があるはずです。それを思い出してみるのが一番の解決法といえるでしょう。

ときには細分化して比較してみるのも効果的です。こっちはこの会社が良くて、これは前の会社の方が良くて……など。

そうすると不思議なもので、今の会社に軍配が上がる場合がほとんどです。今の会社を無意識に正当化しようとするからかもしれませんが。仮に正当化しようとする力が働いたとしても、今の会社の方が良いと思えるに越したことはありません。

私自身、今でもタフな環境下にあると「ああ、前の会社だったらこうなのにな あ」と思ったりもします。転職して二年くらい経つと薄まってくるものですが、一年くらいですと、まだまだ気持ちがぐらついていて当然です。

皆そういうものですので、難しく考えず、あまり過去に引きずられずにいたいものです。

転職1年目のPoint❽

就職は恋愛と同じ。
好きなときは良いが、
飽きてくると他の人に目がいき、
次にいったら前の人が気になる。
でも、
「本当に前に戻りたいか？」は別問題！

9

「新人で入社した気持ち」を忘れずに

転職をすると、なんだか自分が「選ばれた人」のように感じ、優越感に浸りたくもなります。でもその会社では「新人さん」。新卒時と同じくらいの気持ちを心がけましょう。

エピソード

新人のときの気持ちを忘れてはいけない。それを強く感じたのは、新卒で入った一社目で異動による職種転換をしたときでした。

新卒で入社した会社には十五年ほど勤めていましたが、実は、ライフイベント（結婚）の関係で一度退職をし、二年後に同じ会社に再入社しています。

二年ぶりの再入社はある意味「転職」と同じ状況でした。一旦は辞める前の職種に戻ったのですが、結婚を経て将来のライフプランを考えたときに、ふと「この職種で仕事を続けるのは無理かな」と思い始めたのです。

そのとき、ちょうど社内異動の募集話が持ち上がったので、「今の専門性も活かせる、人の育成に関わってみたい」という気持ちで、上司に「応募したい」と打ち明けました。

当初、上司はためらっていたものの、私が将来のキャリアで悩んでいることを見透かしていたからでしょうか。最後は快諾してくれました。

そして、無事に異動。私の最初の大きな仕事は「新卒社員の教育」でした。

指導にあたっての技術面においては多少の知識はありましたし、社会人としても二年強の経験がありました。しかし、教育プログラムの企画や運営というのは初チャレンジです。

なので、最初は少し気負ってしまいました。それほど年が離れていない新卒社員から「なんだこの人、何もできないじゃないか?」と思われたくない。別の部署からきた同僚に対しては、エンジニア系出身者の「すごいところ」を見せなくてはいけない。一応、社会人経験はある。技術もある程度は知っている。でも一度退職して再入社するまでの空白期間が約二年間もある……。

その気負いが前面に出ていたのでしょうか。新しい上司から呼ばれて、こう言われました。

「そんなに頑張ろうって前のめりにならなくてもいいよ。この分野に関しては〝新人〟なんだし、変に気を張っていると周りも声をかけづらくなってしまう。だから良い意味で気を抜くようにね」

この上司の言葉で、いかに肩に力が入っていたかを知ることができました。周囲からそう見えたということは、当時の私からはかなり「戦闘モード」のオーラが出ていたのではないかと思います。

上司のアドバイスを受けて以降、わからないことは素直に、謙虚に学ぼうと決めました。

自分が持っているスキルを洗い出し、「これは使える」「これは知らない」「ここはもっと伸ばせる」などと切り分けをして、自分が出せるものはすべて出した上で、さらなる付加価値をつけることを意識しようと決めました。

その結果、新しい仕事は大成功。当時の私にとって「顧客」であった新卒社員との絆も深まり、彼らとは今でも交流があるほどです。仕事をやりきると自然と信頼関係が生まれるものです。自信が湧くとともに、次の仕事のステージに上がれると痛感した経験でした。

成功アドバイス

このエピソードは、「再入社」「社内異動」であり、いわゆる転職とは違います。しかし、転職して最初に直面するケースと非常に近かったのでご紹介しました。

転職一年目はつい気負いすぎて、仕事ができる雰囲気を出したくなるものですが、それをしてしまうと、人間関係でも仕事面でもどこかに歪みが出てきます。

あなたができる人かどうかは、相手が決めることで、自分が押し付けて「できる人と認識してもらう」ものではありません。

時々、「できる」ことを見せつけようとして謙虚さを失い、自分自身で転職を失敗させてしまう人がいます。中には自分に問題があったとは考えず、すべてをその会社のせいにして、すぐに転職する人もいますが、そんな「やり方」では絶対に長続きしません。

ただのジョブホッパー（短期離職を繰り返す人）と化し、その後のキャリアや将来に大きなリスクを抱えることになるので、注意が必要です（この点は１８２ページ〜でさらに述べます）。

かといって、ただ素直さと謙虚さだけでは、「で、この人、何ができるの？」と思われてしまいますので、自分ができることをアピールすることも大事です。

この塩梅《あんばい》が、大人として持ち合わせておきたいスキルです。

最初は仕事らしい仕事がないとしても、プロジェクトなどで随時提案、サポートするなど、できることからで良いのです。**貢献しながら自分の「居場所」を作る。**そうやって少しずつ成果を上げられる土台を固めていきましょう。

転職1年目のPoint❾

新人のように素直な心で。
謙虚に学ぶ姿勢を前面に出し、
成果はきっちりと上げる。
これが転職者の理想の姿！

10

この人は！ と思う人を見つけ、とことん学ぶ

「この人みたいになりたい」と思う人を見つけたら、とにかくＴＴＰ（徹底的にパクる）しましょう。

エピソード

私には、今でも何かあったときに**「彼ならどうするだろうか？」と勝手に心のメンターにしている人がいます。**

その人は新卒で入った一社目の社長です。

彼は私にとって徹《T》底《T》的にパ《P》クリたい（真似をしたい＝ＴＴＰ）と思った最初の人です。

彼が社長に就任した当時、会社は合併を数回繰り返した直後で、それぞれの出身会社間でのいがみ合いや悪口を言い合うような状況で、組織としてはバラバラでした。

そんな中で、彼はとにかく器が大きい人でした。仕事への熱量が半端なく、実行力もあり、軸がしっかりしていて、問題から逃げない。誰よりも社員思いで、社員のために本国（アメリカ本社）と闘うことも恐れない。本当に尊敬できる人でした。

彼の現場への想いも至るところで感じられました。特に記憶に残っているのが、「その場ですぐに確認電話」のエピソードです。

あるとき、私は彼にプロジェクトの中で現場の社員から上がってきた「苦情」を話しました。もちろんそれは単なる愚痴や不満ではなく、明らかに現場において良くないことが起こっており、そこの上司の怠慢が引き金になっているという内容でした。

その話を聞いた社長は顔色がみるみるうちに変わり、「その彼に変わって、申し訳ないと思う。すぐに現場に確認をして是正を図る」と言いました。

そして会議が終わった直後に携帯を手にし、すぐその場で、その部門のトップに電話をしたのです。「部門内でこんなことが起こっている。知っているか？　すぐに確認して行動し、自分に報告せよ」と。私たちの目の前での電話だったので、「本当にちゃんと伝えている」と非常に驚きました。同時にその話を言ってきた社員に報復人事など不利なことが起こらなければいいなという考えが私の頭をよぎりました。しかしまさにその瞬間、社長はこう続けたのです。

「今回のことをどの社員が言ったかを詮索するのはやめてほしい。もしもその社員の処遇に何か変な動きがあった場合には、別の責任も問うことになる。くれぐれもそういう行動は取らないように」と。

そのとき私は、「この人みたいになりたい」と心から思いました。

その後は、彼と一緒の場ではそれこそストーカーのように、彼の一挙手一投足をチェックし、真似するよう意識しました。

例えば、彼は自分が間違っていると思えば、社長という立場にも関わらず、素直に即「自分が間違っていた」と認め謝罪していました。それを見て、私も自分の判断が間違っていたり、小さなミスをして指摘されることがあったら、ムッときても「だって」「でも」と言いたい気持ちを抑えて、とにかくすぐに謝ることを徹底しました。

そんな彼の行動や言動をとにかく徹底的にコピーさせてもらい、腹落ちをさせながら、自分流の型を固めていったのです。

成功アドバイス

「この人のここは良いけど、ここは嫌。だから完全に真似したいと思う人はいないなあ」。そういう人もいることでしょう。

それはそれで良いと思います。実際にはなかなかＴＴＰしたい人がいない場合もあるでしょう。

そんな場合は諦めるのか？　ＴＴＰしたい人が出てくるまでずっと待ち続けるのか？

答えはＮＯです。諦めることも、待ち続けることも、今という時間を無駄にする行為です。いずれ現れたときには「もっと早く出会っていたら……」ということになりかねません。

そのためには今できることをする——それは、**「複数の人の良いところをパーツでＴＴＰする」**ということです。

完璧な人を求めて何も真似しないよりは、一部分でも真似したい人がいたら、その部分を学び真似すれば良いのです。

私のエピソードにおいても、同じことが言えます。彼をＴＴＰしましたが、大企業の社長ですし、性別も年齢もバックグラウンドでやってきた職種も当然異なります。よって、彼のすべてを真似ることは最初から無理なので、真似したいところだけを真似していました。

何から何まで完全に真似したい人が見つかったら、それはそれで「ラッキー」くらいに捉えておけばＯＫです。

とにかく最初から我流でやるのではなく、**ある程度のビジネスでの「型」を習得してから、自分のオリジナリティを出して「尖っていく」**のが取るべき行動ということです。

転職1年目のPoint⑩

「〝この人〟という人が
自分の近くにいるか？」
という視点を持つだけで、
今までそう思っていなかった人が、
実は「真似て学びたい人だった」
ということもある！

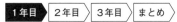

2年目

「巻き込み力」を使い、成果を上げる

1

チャンスは恐れず活かす

一年間しっかり準備をしてきた人にこそ、
チャンスは突然、目の前に現れます。

エピソード

これは最初の会社に再入社（69ページ）してから、産休・育休を取って復職したときに起きた話です。

無事に同じ職種、同じ上司のもとで復職をしました。今は育休からの復職時に時間短縮勤務を取る人も多いですが、私が育休を取った約二十年前はフルタイムで戻ることが大前提でした。時短はどうしてもフルタイムで働けない人しか使えない雰囲気だったのです。私もフレックス制度があったことと、フルタイムで働くのが当然だと思っていたので、そのままフルタイムでの復職をしました。上司や同僚の理解やサポートがあって、徐々にペースも摑めてきた頃、転機になることが起きます。

労働組合から声がかかったのです。

当時の会社は外資系でしたが、元が日本企業との合弁会社であったこともあり、企業内に労働組合がありました。年次で労働組合の役割が回ってくることになっていて、私もその順番で少し関わったことはありましたが、組合からの資料を職場の組合員各自のトレーに入れる程度の関わりでした。組合活動の中身についてもよくわかっておらず、「福利厚生の何かを提供してくれるところ」くらいに思っていました。

その労働組合から声がかかったのです。理由はいくつかありましたが、「長時間労働の是正やワーキングマザーなど働く女性の環境を整える仕事をぜひしてほしい」と言われ、心が揺らぎました。

それは私自身が働き続ける上でも、なんとかしたいと思っていたことだったからです。

私はもう専業主婦には戻れないと思っていました。仕事で人と関わることから離れたくなかったからです。しかし、この会社で働き続けられるか?という不安も少なからず持っていました。いわゆるロールモデルとしたい先輩がいなかったのが大きな理由です。

一方で、ワーキングマザーとなって働く私を見て「自分も働き続けようと思う」と言ってくれる後輩が出始め、その後輩のためにも何かしたいと思っていたところでした。

でも今の仕事も楽しいし、上司には恩がある。どうしたものかと思っていたとき、組合から一つの提案がありました。組合の仕事を半分にして、もう半分は本来の業務をするというやり方もあると。「これは一粒で二度美味しいかも!」と思い、上司に相談をしました。

「やっぱり組合から声がかかったかあ」という上司。上司も組合でそれなりのポジションで仕事をしたことがあったので、いつか私にも話があるかもなと思っていたようです。そして、アドバイスをくれました。

「君は真面目だから、業務を半分に分けるということはできないだろう。だから、二年だけ勉強としてやってくる分には良いと思う。待っているから二年やっておいで」と。私はこの上司に対して絶大な信頼を置いていたので、この上司がそう言ってくれるなら二年だけやってみようと決意し、労働組合の専従役員になりました。

実際には手がけていた仕事の関係もあり、二年以上携わりましたが、この期間で経験したことが、その後の私の転職やキャリアに大きな影響を与えることになりました。

今振り返ってみても、このときの「チャレンジ」ほど、タフで自分にとって大きなインパクトがあったものはなかったと思います。

成功アドバイス

自分からチャンスを摑みにいくことも非常に大事ですが、**目の前に与えられたチ**

ヤンスを「チャンス」と気づかずに放っておいたり、逃《のが》してしまう人は実は多いのではないかと思っています。

「私には無理」とか「できません……」と平気で言ってしまう。

「いや、キミならできるから！」という言葉をもらってから「やってみよう」と思う気持ちもわかります。

このスタンスもありといえばありですが、この本の読者の方は成長意欲が高いと思いますので、「そのスタンスは即刻やめましょう」とお伝えしたいです。

変化やスピードが激しい時代においては、「そんな弱腰の人はいらない」となってしまいかねません。また、周りのライバルが自分の代わりにそのチャンスを掴んでしまい、自分がためらっている間に奪われてしまうことも起こり得ます。

少し極端な例ですが、私が出会った中で、すごいなと思った人をご紹介します。

ある日、上司がふと言った「ロシア語ができる人がいたらこのプロジェクトをやってもらいたい」の一言に、「自分、できますんでやります！」と即答していた人がいました。

「ロシア語ができるなんて知らなかったよ」とその人に話しかけたら「あ、これから勉強する（笑）」と答えたのです。これぞ究極のチャンスの掴み方だと思いました。

転職2年目のPoint❶

何か声をかけられた
ということは
「できると思われた」ということ。
恐れるな！
チャンスを摑んで、
自分を成長させるべし!!

2

成果を得られたら次のステップを意識する

周囲に認めてもらえる成果が出てきたら、喜ぶ前に、次にすべきことを考えましょう。

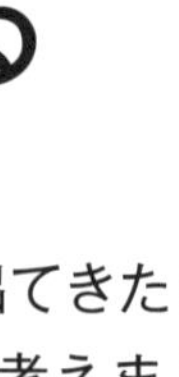

エピソード

ここでは、私が成果を上げた後に、次のステップに向かうまでのエピソードをご紹介したいと思います。これは正直、正しい方法ではなかったかもしれませんが、結果として私にとっては良い経験となり、次のステップにつながった話です。

二社目では、途中で吸収合併を経験していますが（51ページ）、その合併で私の仕事内容は大きく変わりました。それまでは、女性活躍推進を中心としたダイバーシティ関連業務でプロジェクトリーダーをしていましたが、これはあくまでもプロジェクトベースでした。その後、そのプロジェクトを本業としてチームを立ち上げるように命ぜられ、完全に合併して新会社になってからは、それを生業《なりわい》として没頭しました。その新会社の設立と同時にダイバーシティ関連のチームを立ち上げたのですが、その二年目の途中くらいから、私は絶好調モードに入っていきます。

社長や役員は元より、本国側の同僚や直属よりももっと上の上司からも成果を認められ、良い結果が次々と積み重なっていく感じでした。

ところが徐々に成果が出てきた頃、私は現場である営業部隊に対して、ダイバーシティの施策を展開できないことにもどかしさを感じ始めたのです。

そのときの社長はダイバーシティ推進に大賛成で、いくらでもサポートをしてくれる状況だったのですが、営業のトップである役員はこれを面白く思っていませんでした。また、「営業は数字がすべて」で、「そんな推進施策は女性登用であろうがそれ以外であろうが数字に直結しないので無駄」という考えをベースに持っているような方でした。

外資系であり、社長や本国の応援もあるのに、大所帯である営業でそれを展開できないということに、私は苛立ちすら感じていたのです。

また、タチが悪いのが、その人は社長などの前では「わかったフリ」をして推進するようなことを言うことです。

このときに「これが社内政治というものか」と感じました。上にはいい顔をして、下には……という典型というか……。

今の私なら、営業で数字を上げ、会社の売上を支える責任者がそういった発想をしても仕方がないことだとわかりますし、「データも含め論理立てて相手に腹落ちしてもらえるように」など、アプローチの仕方も変えていると思います。ただ、そのときの私は「自分の仕事は社員にとってこんなに良いことなんだ！　社長も良いと言っているんだ！　だから理解しないあなたはおかしい！」くらいの生意気な態度で接していました。

そんな態度や思いが見え隠れする人と、誰が一緒に仕事をしたいと思うでしょうか？　今思えば恥ずかしいくらいですが、当時はそんな感じでした。

そのような中でも、成果はそれなりに上げ続けましたが、同時にモヤモヤも続いていました。「もうこのモヤモヤは限界だ……」そう思って転職活動をしようかと思っていた矢先に、転職の話が舞い込んできました。

このときの条件は「営業部門にもダイバーシティを展開して良い」ということ。その話だけで、私は次のステップに向かう決心（＝転職）をしたのです。

成功アドバイス

私の事例は、あまり良いものではないと思います。成果を出して、調子に乗ってしまい、勘違いしたまま、偶然次へのステップを手にしたという、単純にラッキーだっただけの話ですので。

本来であれば、成果を上げて調子に乗るのは避けたいところです。これが目に余るほどになると、よほどの味方がいない限り、途端に仕事が回らなくなります。私の場合、当時は社長や一部の役員が強力な味方をしてくれたので、結果として良いも悪いも継続的な成果につなげることができました。ですので皆さんには、できればこんな勘違いの成果の連続はオススメしません。

ただ、この経験を振り返って思うのは、成果を上げたことに甘んじなくてよかった、ということです。自分の出した成果を過信し、そこに甘んじて、「これだけやったから良いか」で終わらなかったのは幸いでした。

その成果が次のステップである転職につながったのは間違いありません。

ちなみに、このときの成果を使って次のステップにつなげた三社目においては、同じ間違いは繰り返しませんでした。成果を上げても天狗《てんぐ》にはなりませんでしたし、それを広げたい方向に持っていく際にもきちんと戦略を立てて、人間関係の構築もしながら展開していきました。

これにより、**数珠《じゅず》つなぎで新しい仕事を依頼されたり、企画を通していくなど、前向きに成果を積み上げていく**ことができました。

これが本来の成果の積み上げ方と、次のステップに向かうための準備の仕方と言えるでしょう。

成果を上げて、さらに発展させた成果を上げ……を繰り返して、やりきった感を得ながら次のステップを意識した結果、四社目への転職にもつながったのです。

転職2年目のPoint❷

「単に運が良かった人」で
終わらないためにも、
成果にしがみつくな、
調子に乗るな。
さらなる高みの次に向かえ！

3

「顧客第一主義」の徹底を意識する

自分にとっての「顧客」を把握し、その「現場」を意識すると、仲間が増えます。

エピソード

今回のエピソードは「転職二年目」だけの出来事ではありません。ただ、これがきっかけで現場主義の重要性に気づいたということと、その在り方が転職二年目に効いてきたと実感しているので、ご紹介したいと思います。

私は新卒で入社したときは人事系の仕事ではなく、いわゆる「現場の人」でした。ＩＴ企業でのシステムコンサルタント職で、会社の稼ぎ頭の部隊であり、社員の中で占める割合も多い部門の職種。

私自身は希望外の配属だったこともあって、当初はまったく嬉しくなく、早く他の職種に変わりたいとすら思っていました。その後、キャリアが人事系となり、「現場」から離れることになりましたが、このときに現場を経験できたことは、私にいろいろな視点を与えてくれるきっかけとなりました。

システムコンサルタントという現場にいた頃、人事をはじめとしたバックオフィスが立てた企画や制度などの施策が現場のニーズと違いすぎて、がっかりしたことが多々ありました。「現場の実態を知らないからこういうことになるんだ」と先輩がブツブツ言っていて、自分も新人ながら「同じ会社なのに、わかり合えないものなんだなあ」と感じていました。

しかし途中からキャリアが人事系になったことで、立場が逆転しました。もともとの異動のきっかけも「現場をよく知っているから」ということでしたので、最初は現場での体験を思う存分活かそうと意識していました。

ところが、現場から離れたことで、気がつけば現場よりも「人事」としての立場で、「これが社員にとって良いに違いない」と頭でっかちに考えるように……。人事にとっての顧客は「社員」なので現場の声こそが重要なのですが、その感覚がかなり薄れてしまっていたのです。

そんな私を現場主義に引き戻してくれたのが、三社目の営業部長です。彼は徹底した現場主義の人でした。

生粋《きっすい》の営業育ちの彼は、人懐っこい性格で、上からも下からも好かれるような、本当に人の懐《ふところ》に入り込むのがうまい人でした。懐に入るためには、やはりお客様をよく知り、しっかりとした信頼関係を築くことが大事です。彼の徹底したお客様への想いや行動は、他の人と比べることができないレベルの高いものでした。お客様が一を求めたら十調べて返す。そんなことをすべてにおいて実践している人でした。当然のことながら成績はいつもトップクラス。その結果、あっという間に当時最年少で営業部長になっていきました。

部長になると現場からは少し離れますが、彼はここで「バックオフィス」的な形での現場主義を徹底していきます。お客様との関係も当然大事にしていましたが、すでに第一線からは退いています。その分、自分の部下を「顧客」のように見立てて信頼関係をしっかり築き、彼らのために日々奮闘したのです。

人事やバックオフィスが彼らにとって不利益な制度や邪魔になるような施策を展開しようとすると、「現場のことをわかっていない」とはっきり伝え、改善を求めてきました。彼のこの言動で、私は現場主義に頭を戻すきっかけをもらいました。

そこからは、彼と一緒に営業現場に即した施策を展開。徹底した「顧客第一主義」の結果、いくつかのプロジェクトを成功裏に導くことができました。

成功アドバイス

誰しも働く上で、自分にとっての「顧客」がいるものです。営業であれば、直接的な「顧客」がいるのでわかりやすいものですが、はっきりわかりづらい職種や業種の場合、ついつい自分にとっての「顧客」を見失いがちです。そういう職種の人たちは「自分たちは直接の顧客がいないから」と思い込んでいるケースもあります。

そもそも**人は「誰かのために」というモチベーションで動く部分が多いもので**です。つまり、この「誰のために」を明確にして働くことが大切です。バックオフィスの場合には、社員が「顧客」となるわけですので、その人たちのためにという意識を忘れないことです。

この**「誰かのために」**が**「顧客第一主義」**となります。

本来であれば、転職して二年目に限らず、常に大切で意識しておきたいことです。ただ、一年目はやるべきことや活躍できる環境を整えることで頭も時間も取られ、「自分の顧客を知る」ことで精一杯でしょう。ですので、二年目で、それまでに把握した「自分の顧客」を強く意識して仕事をするのです。そして周りを巻き込みながら成果を積み上げていく。これが上司を含めた周囲からも認められる成果を生むための大事な要素になってくることでしょう。

付け加えるならば、**「顧客と仲良くさえしていれば自分の成果に返ってくるでしょ？」という打算的な考えは持たないことです。**そんな浅い考えでは、仮にうまくいっても短期の関係で終わってしまいます。成果を積んで成長や次のステップにつなげるために気をつけたいポイントです。

転職2年目のPoint❸

自分の成果に
つなげたいからと
「欲丸出し」での
関係構築だけは避けるべし！

4

巻き込み力が自分の成果に戻ってくる

信頼関係にさらなるレバレッジをかけるのが「巻き込み力」。組織を超えた力を意識しましょう。

エピソード

私がこの巻き込み力の威力を感じたのは二社目でした。

ダイバーシティ推進のためのチームを立ち上げたとき、アメリカ本社から「マイノリティ（少数派）の意見を吸い上げるためのグループを日本でも作ってほしい」と言われたのです。合併したばかりで、社内のこともよくわからない状態で言われたため、さて、どうやって作ろうかと悩みました。

こういったグループはボトムアップで社員主導となるため、コアメンバーが必要。海外であれば、自主的にそのカテゴリーの人たちが「こういったグループを作りたい」と会社に言ってくるケースが多いのですが、日本には馴染みのない文化ゆえに、それは期待できません。そこで、前向きな提案や検討をしてくれるコアメンバーを募集することにしたのです。

まずは女性活躍の推進関連でグループを作りたいと考え、社内でちょっと目立っている女性管理職のBさんを紹介してもらいました。ところが、説明の機会を作ろうとしたところ、いきなりの門前払いを食らいます。

Bさん：「なんで私なんでしょうか？」

私：「いろいろと活躍されていて、社内でも女性初の○○と言えばBさん、のようにも聞いているので、ぜひにと……」

Bさん：「もう、そういうの多すぎて、嫌なんですよね。私、女性だからって意識はまったくしていないし。うちの会社、男女の差がないじゃない？　それなのになんで私ばかり目立ってしまって……」

たしかに彼女が言うことはもっともなことばかり。私自身も女性初の云々とか、女性△△と言われることもあり、嫌だと感じることはよくありました。

でも逆に言えば、それだけ女性が活躍できていない環境だから、彼女のような一部の人たちだけが目立ってしまっているということ。

そこで私は、「自分たちは上司や周囲の環境に恵まれてきたけれど、能力はあるのに発揮できていない人の環境を変えてあげたい」「部門で孤立している人がいるから横のつながりも作りたい」と考えていることなどを話しました。

この熱さが伝わったからか、彼女は真剣な表情で聞いてくれ、最後は首を縦に振ってくれました。そして「私だけでは難しいから、私が仲良くしている女性管理職にも声をかけてみる」と言い、次々と声をかけて、あっという間にグループを立ち上げてくれたのです。

グループの活動が活発化するよう、そこから立ち上げ当初までは徹底的にサポートをしました。グループは順調に活動を開始し、現場や当事者としてのリアルな言葉やアイデアが次々に提案され、それをボトムアップとして経営陣につなげました。

正直、私自身も「マイノリティ」側の女性でもあるので、例えば女性活躍推進関連では、当事者としての意識やアイデアもあります。ただこれを私個人が経営陣に言ったとしても、人事の一担当者の言葉というだけで終わってしまうでしょう。しかし、これがグループ全体からの言葉となったことでストレートに経営陣に響いたのです。こうやって彼らの力を借りたことで、結果として私の成果も上がりました。私が最初の段階で、この女性管理職に自分の本音でぶつからなかったら、彼女やその周囲の人を巻き込むことができずに、グループも立ち上がらなかったでしょう。そして、その後の成果にもつながらなかったと思います。

人を巻き込んで一緒に仕事をすることの醍醐味《だいごみ》を感じた仕事の一つでした。

成功アドバイス

当たり前のことですが、巻き込み力を自己中心的に、自分の結果のためだけに利用しようと考えるべきではありません。

また、**しっかりとした人間関係があってこそ、威力を発揮する**ものです。そして、相手から「巻き込まれた」ときにも、気持ちよく「巻き込まれる」という心持ちも大事なポイントでしょう。

自分の仕事に巻き込んで、成果を上げるきっかけをもらいながら、自分のことで頭がいっぱいになって、相手には協力せず、ということはあってはなりません。仮に一回でもそのようなことをしてしまったら、二度と相手の協力を得ることはできなくなるでしょう。

だからこそ、**「巻き込み力で大きな成果を出した後の方が大事である」**と肝に銘じておくべきです。

また、言わずもがなですが、これは転職して二年目だけに通じる力ではありません。三年目でも五年目でも、どんどん上昇スパイラルに乗っていくために不可欠な力となってきます。

一人でできることの限界を大きく超えられる「巻き込み力」を常に活用できるように、日頃から人間関係を大切にし、何かのときには双方で巻き込め合える関係を維持し続けたいものです。

転職2年目のPoint❹

一人では成し得ないことを
達成する、
スピードを加速させる。
それを「巻き込み力」によって
強化せよ！

5

自分にしかできない仕事を意識する

職場にも慣れ、徐々に自分を出せる二年目だからこそ「本領発揮！」で仕事をしましょう。

エピソード

私が「自分にしかできない」という仕事を意識したのは、初めて転職をした二社目においてでした。そこでは組織開発や研修の仕事をしていたのですが、プロジェクトで子育てやワークライフバランスに関するリードをしていました。その会社に入って早々に他社から吸収合併されることになったのは、前述（51ページ）の通りです。

吸収合併が決まってから実際に合併するまでは一年半ほどあったのですが、会社が統合される三カ月前に急に呼び出されて、職務の変更を告げられました。「ダイバーシティ担当になってほしい。アメリカ本社から日本でも本格的に推進すべきテーマであり、新しいチームを立ち上げるようにとお達しがあった」とのことでした。「本社からの意向もあり、誰が良いかと考えたときに君が良いと思ったので、ダイバーシティを推進するためのチームを立ち上げてリードしてほしい」

この言葉にゾクゾクしたことを覚えています。実は私は新卒で入った一社目でダイバーシティ関連にとても興味を持ち、労働組合の仕事を通じてそれに関する仕事により惹かれて、これに関する仕事をいつかしっかりしてみたいと思ったことがあったからです。「思い続けていると自分の望んでいたものを手にすることができる」と喜んだものの、未経験のことばかりで、不安が押し寄せてきました。

まずは「ゼロから組織を立ち上げる」という経験がありませんでした。本国との連携があるとはいえ、日本では自分が責任者。

それまでやってきたダイバーシティのプロジェクトはほぼ子育て関連でしたので、ダイバーシティ全般に関しては素人です。しかし、私にはこのとき「これは私にしかできない仕事だ」という思いがふつふつと湧いていました。

子育て関連も、当時社内には非常に少数であったワーキングマザーの代表として、その経験を活かしてプロジェクトリーダーを頼まれ、自分自身でも、「今の私だからこそできることだ」という思いで、プロジェクトを引っ張ってきました。それを、私が以前から興味を持っていたダイバーシティ全般に関連する仕事に広げられることになったのですから、みすみす他の人に渡せない、渡したくないと思いました。

正直、ワクワク感と不安が入り混じっていましたが、これは自分を試す大きなチャンスだと捉えてチャレンジすることにしました。とはいえ、すでにこのときは「いや、この仕事は引き受けられません」と言うことはできない状態でしたが……。もしそれを断れば、新しい会社での私の仕事がなくなるわけですし、統合三カ月前で転職をすることはさすがに考えられませんでした。

また、その新社長となる人はアメリカ人で、ダイバーシティのプロジェクトのときにもサポートをしてくれていて、新しい会社となった後もそのサポートを期待できました。実際に、その社長は私の新しく立ち上げたチームを全面的に応援してくれました。米国本社からの肝いりということもあり、最初から経営陣を巻き込んでいろいろな施策を展開することができ、経営者レベルの人と一緒に仕事をすることが多かったのは、いろいろな視点を学ぶ上でもとても参考になりました。

このような経験も、私が「自分にしかできない」と思って、仕事を引き受けなければ得られなかったものです。そこから私は、経営者の仕事の仕方を学ぶなど、非常に良い経験をさせてもらいました。

成功アドバイス

私のエピソードは、まったくの新規業務の話で、かつ自分の興味があることを広げられたということなので、少し特殊で参考にならないと思う人もいるかもしれません。たしかに、そうそう新規業務や自分がやってみたかったことの話がタイミング良く回ってくることはないでしょう。ましてや転職して二年目くらいで、まだ成果らしい成果を上げられていなかったならばなおさらです。

ただ、そういった話がいつきても対応できるように、常に準備しておく必要はありますし、**アンテナを張ったり、さらっと自分の希望などを話しておく**ことも良い方法です。例えば、面談時などに将来的に関わりたいことを伝えてみるのも一つです。考えないと、願わないと、言わないと何も始まりません。「付加価値」というものは、常に意識をして、あらゆる仕事においてそれを「自分らしさ」として出しておくのがベストです。こういったことが相まったときに、チャンスが到来するのですから。

変なところで日本人らしく奥ゆかしくなって、「言わなくてもわかるだろう」とか、「言ったら自己主張が激しく見えていやらしいかな」などと考える必要はありません。転職して二年目で、**ある程度の信頼関係ができていれば、どんどん自分をアピールしないと、転職者としての「プレミアム」期間も終わり、**ただの社歴の浅い人で終わってしまいます。

転職二年目くらいであれば、まだ社外に対するアンテナも高く、今の会社と前の会社なり他社との良いところを活かしたいという気持ちも大きい時期です。上司もその辺りを期待している場合も多いもの。それを活かさない手はありません。自分にしかできない仕事で成果を残して、次のステップに向かいましょう。

転職2年目のPoint❺

お客様モードも
二年目では通用しない。
常に自分にしか生み出せない
「付加価値」を意識せよ!

6

いきなり大きな成果を狙わない

まずは今できること、やるべきことに集中し、「一発大きく」より「小さな成果」を積み重ね、信頼を高めましょう。

エピソード

これは私の四社目の話です。

転職を三回経験しているので、「ある程度の壁があっても、なんなく成果を上げられるかな」などと、ちょっと甘く見ていたところがありました。

正直に言うと、前職の方がタフなイメージがあったのと、私が担当していた業務が外資系の最先端だったこともあり、それを応用すればすぐに成果が上げられると思っていたのです。

ところが、入社した日系企業は、これまでと風土がまったく違っていました。部門ごとでも異なり、何からどう手をつけていいかわからない……。

組織改編という想定外の出来事からのスタートという事情もあり、一年近く経っても思うような成果を上げられませんでした。

「不可抗力があったから仕方ない」と上司は言ってくれましたが、本当に最低限の、やって当たり前のことしか結果を出していない自分を不甲斐なく感じました。

そして二年目に突入。こんなにも思い通りに一年間を過ごせなかった経験はこれまでなかったので、焦りばかりが募りました。ただ、焦っても何も変わらないことは重々わかっていたので、今できることは何かを考え、やるべきことをていねいに行い、ほんのわずかでも付加価値をつけて結果を出す。それだけを意識していました。

そうすると、長年にわたって誰もが気づきながら、なんとなく手をつけてこなかったことなど、地味で小さいけれど、やらなくてはならないことがちょこちょこ目につき始めたのです。少しいじれば、いずれ大きな改善につながる。そんなものもありました。そういったものを中心に、自ら意識して仕事を取りにいき、付加価値を足していきました。

過去を冷静に振り返ってみたら、一発狙いの大きな成果を意識しすぎて外してしまい、居心地が悪くなって辞めていった中途入社者をたくさん見てきました。また、大きな成果を一発上げても、その後が続かずに、「あれは偶然だったのか？」と周囲に思われて居心地が悪くなり……という人も。

そうすると転職癖がついてしまい、ジョブホッパーになってしまいます。私も危うく、その道まっしぐらになるところでした。

この積み重ねで、徐々に周囲からの「信頼」を得た私は、自分にも自信を取り戻すことができました。

たったそれだけ？と思われるかもしれませんが、「このシンプルなこと」こそがやはり大事なのです。

小さなことをちゃんとできない人には誰も大きな期待をしないし、大きな成果を上げても心から喜んでもらえず「まぐれではないか」と思われるのがオチです。

こんな、新人でもわかりそうなことを、転職三回目にして改めて学び直した気がします。

成功アドバイス

自分のエピソードを振り返りながら、改めて感じたことは、**「ツベコベ言わず新人の気持ちに戻る」**、これに尽きるということです。

コツコツ積み上げていくことで最後に成果という道ができるわけですが、転職をすると、もう一度イチから道を作ることを避けて、少しでも早くと気持ちばかりが先にいきがちです。

転職を何度かしていて、前の会社などですぐに成果を上げた人であればあるほど、次の転職でも同じパターンを期待し、それが当たり前だし、自分ならできる、しなくちゃいけない！と思ってしまうことでしょう。私がそうであったように……。

しかし、思い通りにいくことばかりではありません。

むしろ**「思い通りにいかない」方が普通だと思った方がいい**でしょう。

時代は刻々と変化しています。そのスピードはどんどん速くなっていっています し、コロナ禍《か》のような、本当にまったく想定していなかったことが起こることもあります。予定通りなんてあり得ないということです。

それが理解できていれば、今できること、やるべきことにまず目を向けて集中するのが正解だとわかるでしょう。もちろん、慎重になりすぎたり、小さなことばかりで満足していてはいけません。**その先の大きなものを見据えての動きを、常に頭の片隅に置いておく**のは言うまでもないことです。

焦る気持ちを抑えて、着実に。これしかないのです。

思い通りにいかないときは、「大丈夫。自分は実績を積んで、認められて、今ここにいるのだから」と自分で自分を慰め、鼓舞しましょう。決して過去の栄光にすがるのではなく、あれを乗り越えたのだからもっとやれるという捉え方で。そうすれば、必ず大きな成果につながる何かを手にすることができるはずです。

転職2年目のPoint❻

打ち上げ花火のような
一発大きな成果を上げても
その後が続かなければ意味がない。
周囲も意外と
そこには期待していないもの。
まずは足元をしっかりと固めよ！

7

「尖り」、一目置かれる存在になる

本格的な成果を上げ、まずは一目置かれる。そこからさらに自分を出して「尖る」ことが大切です。

エピソード

「本領を発揮して、ガンガン成果を上げて、一目置かれるようになったのはいつ？」と聞かれたら、真っ先に浮かんでくるのが、三社目になります。

三社目は、二社目と同じ業界で、まったく同じ業務内容でしたので、仕事自体は成果を上げやすい状況でした。

おそらく一般的には、自分である程度の成果を上げれば、応援してくれる人も増えて、さらに目立つ成果を上げて、尖っていくことができると思います。

ただ、私の場合、三社目の会社に転職して、一年目に営業部長をキーパーソンとして押さえた話は34ページでしましたが、このキーパーソンがいたことで、本領を発揮し、尖れるようになったと思っています。

このキーパーソンのお陰で、「出る杭《くい》」をさらに唯一無二の「思いっきり出る杭」にすることができたといっても過言ではないでしょう。

営業部長だった彼は営業部門での影響力だけにとどまらず、会社全体でも有名人で、経営陣からも存在を認められていました。

その彼からバックアップを得られる関係ができていたので、思いついた企画は現場目線で違和感がないかを彼に相談し、微調整しながら進めていきました。そして、いざ企画を展開するときには、彼が「これは絶対に全社に必要な施策だ」と上にも下にも訴えてくれたのです。

営業のみならず全社に企画を展開できたのは、大きな成果として認識されました。これにより、私の社内での「知名度」は上がっていったのです。

こうして経営陣は元より、社員の間でも目立ち始めた頃に、社内でのやっかみ、特に部門内での妬《ねた》みや足を引っ張ろうとする人が出てきました。

同じ人事部内で社歴が長く、なかなか営業の現場に受け入れてもらえなかったり、社員との距離があった人たちにとっては、転職して二年目の私が人事の顔となり、社員から信頼を得られているのが面白くなかったのでしょう。

営業とばかり接して内勤をしていないだとか、現場の声ばかり聞いていては本社としての施策がうまくいかないだとか……出る杭が打たれるとは、まさにこのことだったと思います。そんなときも助けてくれたのは、このキーパーソンでした。

「とことん突き抜けて結果を出せば良い。誰よりも自分の顧客である社員のことを考えて行動すれば良い」

そう激励してくれたのです。

その言葉に背中を押され、周囲の雑音をシャットアウトして、自分がすべきことに邁進《まいしん》しました。その結果、圧倒的に尖り、思いっきり出る杭となって、相手を黙らせることができたのです。

これにより、成果と知名度の相乗効果で、社内で一目置かれる存在となり、さらにいろいろな仕事の声がかかったり、新しいプロジェクトを展開する機会をもらったりと、芋づる式に発展していきました。

成功アドバイス

本領発揮をして成果を上げることは非常に大事です。二年目にはなんとかその領域にいって、その後の良い流れを作りたいものです。

そして、自分でも改めて思うのは、キーパーソンを早い段階で押さえることの重要さです。

ご紹介したエピソードでも、キーパーソンがいなかったら、本領を発揮できたとしても、尖り、一目置かれる存在となるにはそれなりの時間がかかったのではないかと思います。もしくは、圧倒的な成果を上げるかですが、そのような成果はそうそう簡単には上げられませんし、下手すると一発屋で終わるかもしれないので、あまり、そこに賭けたくはありません。

そういったときに、**キーパーソンがいると、その人の力を借りて、ある意味「実力以上」の力を発揮できる**のではないかと思います。

その人の力だけに頼った「虎《とら》の威《い》を借《か》る狐《きつね》」になれという意味ではありません。その人をうまく「巻き込んで」助けてもらいながら、自分の成果を大きく広げていくというイメージです。

社内で一目置かれるようになると、信頼度が増し、次の仕事の展開がスムーズになっていくのを実感できるでしょう。

ただしそのようになっても決して天狗になることなく、常に謙虚に実績を積み上げていくのが大切なことは言うまでもありませんので、お忘れなく。

転職2年目のPoint❼

とことん尖り、
打たれないくらいの
「出る杭」になればいい。
そこには実績と人徳も
伴う必要があることは忘れずに！

8

泥臭い仕事をとことん楽しむ

地味で目立たず、できれば避けたい仕事こそ、地道に手間をかけてやることが大事です。

エピソード

これは転職二年目の話ではないのですが、私の泥臭い仕事として思い出されるエピソードをご紹介したいと思います。

それは、私が新卒で入った一社目に再入社したときに経験した、労働組合での出来事です。

労働組合と言えば、「泥臭い仕事」というイメージがあるかもしれません。

実際、社員のための完全に裏方の仕事ですし、地道で手間暇がかかり、華やかでもないという、泥臭い仕事の代表格だと思います。

私が組合の役員となったときは、会社が合併するタイミングでした。

労働組合がない会社を買収し、吸収合併をした直後でしたので、その買収をされた側の社員を組合に加入させるというのが、最初の大きな仕事でした。

ただでさえ裏方で、社員のためにやっているのに、時と場合によっては社員から恨まれるような仕事です。

買収先の組合がない会社は、買収された上に組合にも加入しなくてはならないということで、大きな反発の嵐。加入アナウンス後からは誹謗中傷《ひぼうちゅうしょう》や恨みつらみのようなメールを受けることが日常茶飯事でした。

着任早々の仕事がその対応で、正直、メンタルがやられそうなくらいタフな日々。その前までは泥臭い仕事を経験しながらも、社内では「花形部署」にいたので、組合の仕事に就いたことをちょっぴり後悔もしました。

見た目も地味だし、仕事で評価されるわけでもないし、社員のためにやって当たり前だと思われているし、やったらやったで逆に恨まれることもあるし……などど日に日に不満が募っていきました。

そんなとき、会社側の人からのふとした一言と、一社員からのメールが重なりました。会社側からは、「組合があることで、社員の生の声をもらえるのはありがたいし、我々と一緒になって良い会社を作ろうとしている姿に感謝している」と言われました。

また、一社員からは「組合があることで、何かのときに相談できるという心の拠《よ》り所になっている」という内容のメールが届いたのです。

この二つが奇《く》しくも同じタイミングで重なり、自分の仕事の価値を改めて見直すきっかけになりました。

そして、そこからは「まあ、他にはここまでの泥臭い仕事もないだろうし、これを楽しみ味わい尽くそう！」と腹を括ったのです。

それからは面白いように仕事が回り出しました。やはり、自分の仕事の価値を見出せずに、嫌々ながらとか疑心暗鬼になりながらやっている仕事と、視点をちょっと変えて、少しでもそこに価値を見出そうとしてやる仕事はまったく違います。

私は俄然《がぜん》やる気になって、地味な仕事も楽しめるようになり、結果、組合においても、いくつかの功績と呼べるものを残すことができました。あのときの二つのきっかけにただただ感謝です。

成功アドバイス

泥臭い仕事は、本来であれば、少しでも避けたいものです。ただ、繰り返しになりますが、そうやって**泥臭い仕事をやり遂げた先に、華やかな成果が生まれる**ものです。どんなに華やかそうな仕事をしている人でも、裏ではもがき苦しんで泥臭い仕事をしているものです。

表の光が強ければ強いほど、その裏にある影は濃いものだったりします。逆に言うと、その後ろで非常に泥臭い仕事を楽しみながらやっている人こそが、キラキラと輝いて眩《まぶ》しく楽しそうに仕事をしている人だと言えるのかもしれません。

ですから、どの仕事でもそれなりにやりきろうとすると、泥臭い仕事から逃げられないとも言えるでしょう。

どうせやるからには、嫌々ではなく、楽しんでしまえばいいと思うのです。

わざわざ転職したのに……と思うかもしれませんが、それは転職しようが、社内異動であろうが同じこと。また新しいプロジェクトなど業務が少し変わるときでも同じことだと言えるでしょう。

「新人でもあるまいし、泥臭い仕事からはもう卒業したい」と思う気持ちもわかりますが、どんな仕事の中にも泥臭さというのは存在するものです。

だからこそ、どうせするならば楽しくやってしまう。それが心にとっても健全ですし、仕事の成果も期待できるような気がしています。

転職2年目のPoint❽

カッコよく見えるような
職業でも、
裏で大変な努力が
伴っていることがほとんど。
泥臭い経験が
必ずあとから生きてくると信じて！

3年目

次なるステップに向けて挑戦し続ける

1

転職エージェントからの声かけは、とりあえず聞いてみる

転職する気がゼロでも、転職エージェントから声がかかったら、とりあえず会ってみましょう。

エピソード

ここまで何度もお伝えしてきた通り、私は三回の転職をしていますが、一回目と二回目はいわゆる「リファーラル」と言われるもので、転職先にいる社員からの紹介でした。

その経験から、もし再び転職をするならば知った人がいるリファーラルが良いなと漠然と思っていたので、転職エージェントを使うことは考えていませんでした。ただ、メルマガ登録の都合か何かで一社だけ転職エージェントに登録をしていたのです。

それから約五年の間、まったく連絡はなかったのですが、三社目の三年目で、目に見える成果が出せて楽しくてたまらない時期に、そのエージェントから突然連絡が入りました。「一度、情報交換だけでも良いのでお会いしませんか?」と。

自分の市場価値も知りたいと思い、まあお茶でもしながらざっくばらんに情報交換くらいなら……と会うことにしました。

正直まったく転職する気がなかったので、「冷やかし半分」でした。先方は一番推しの会社とその他の会社の案内をいくつか持ってきていました。

働き方改革・女性活躍推進・ダイバーシティ推進――私が十年ほど専任でやってきたことが日本企業でも本格化してきて、一部の大手では進んでいるところもありましたが、「これから」という会社がまだたくさんあったので、その関連での案件を紹介されました。

ただ私は、**転職をするときはステップアップしかない**――自分でそう決めていました。収入面もポジション的なものも同じです。わざわざ今の自分のレベルを下げて転職をする必要はないと考えていたからです。

仮にステップダウンの転職をした場合、惰性で「どんどんダウンしていっても良いかあ……」となってしまいそうな気もしていました。そういう転職者も周囲で見ていたので、「自分はそうはなりたくない、アップすることが自分の価値を上げて、成長にもつながるからそこだけは譲れない」と決めていたのです。

エージェントから紹介された会社は仕事的には面白そうでも、収入面やその会社のイメージ（ネットでの情報を含む）が自分とは合わないところがほとんどでした。ずっと外資系で働いてきたので、日系企業への興味はありましたが、あまり窮屈なのは合わないだろうなと思っていました。

また、これまでずっと日本だけで二〇〇〇人以上、グローバルでは数万人以上いる会社で働いてきたので、小さすぎる会社には興味がありつつも、自分が成し遂げたいことをするには少し違うだろうなと感じていました。

そんな中で唯一目に留まったのが、今の会社です。

直感的に面白そうだな、一度話だけ聞いてみようかなという気になり、軽い気持ちで「お話を聞くだけであれば」とエージェントに返事をしました。

その結果……私の想像を超えた仕事の面白さに興味を持ち、数カ月悩んだ末に、転職を決め、今に至っています。

成功アドバイス

人は楽しい状態の中にいると心地良いので、わざわざその環境から抜け出そうとはしません。とはいえ、「楽しい状態」が未来永劫続くわけではありません。いつかはその「楽しい状態」も終わりを迎えます。

そのときにタイミングよくエージェントなどから転職話が舞い込んでくればラッキーかもしれませんが、そうそううまくいくとは限らないものです。

だからこそ、転職エージェントから声かけがあったときには、とりあえず話を聞いてみることをオススメします。

エージェントから連絡があったとしても、即紹介してもらえる場合と、その後の紹介につなげるための情報交換だけで終わる場合とがあります。

いずれにしても、自分の今後のキャリアにつながっていく可能性は高いので、話を聞いておくのに越したことはありません。

話を聞いて、興味が湧いたら転職すれば良いですし、興味が湧かなければ、自分の市場価値を知りつつ、今後に活かせば良いのです。

社内にいるだけでは、いくら成果が出せていたとしてもなかなか自分の市場価値を知ることはできません。

「エージェントの声かけがあっただけでも市場価値はあるのではないか？」と思う人もいるでしょう。たしかに、まったく声かけがないよりは「ある」といえるかもしれませんが、エージェントによっては闇雲《やみくも》に連絡をしているだけのケースもあります。

エージェントがどういったケースで声をかけてきたにせよ、自分の今の状況を知る上でも、その後のキャリアを考えつなげる上でも、声がけがあったら一回は話を聞いてみるようにしましょう。

転職3年目のPoint❶

「ちょっとだけ
聞いてみるか？」で
その後のキャリアが
大きく変わることもある。
自分の市場価値や
他の企業の動向を知る
絶好のチャンスと捉えて活用すべし！

2

ラクで楽しいと感じたら次のステップに進む合図

物理的なラクと、メンタルな部分でのラク。どちらであれ、「ラクで楽しすぎたら危険信号かも」と心がけておきましょう。

エピソード

私のラクで楽しく仕事ができていた環境として思い出されるのは、三社目の二年目後半から三年目にかけてです。

成果を出し続けたことで、上司からは圧倒的な信頼を得ていて、「自分抜きで社長とやり取りとして良い」と言われていました。何かを企画しても「ＯＫ、やってみよう」と即答してもらえる状況までに。

三社目は営業社員が三分の二以上を占めており、基本的に営業を中心に回っている会社でした。その営業の人たちとも非常に良い関係ができていました。それは34ページで述べた営業部長をキーパーソンとして押さえていたからです。

例えば本社でファミリー向けのイベントをやったときのこと。

本社では毎年、会社が取り扱っている商品や会社自体のことを家族に知ってもらうための夏祭りのようなイベントを行っていました。すでに本社では五年以上開催していたのですが、これを地方の営業支店でもやってみようということになったのです。支店のサイズやスタッフの問題、予算の関係などいくつか課題はありましたが、営業支店ならではのファミリーイベントを営業部長とともに企画し、営業からの有志も募って、無事に開催することができました。そのイベントを見た他の支店がうちでもやりたいという話になり、どんどん横展開がされていき、毎年恒例のイベントとなりました。

こんな感じで、転職して二年目の終わりくらいからは、本社で何かをやると、営業もやりたいと言って、一支店がパイロット的に実施し、それを横展開していくのが普通の状態になっていました。気持ちよく、楽しく仕事が回せる——そんな感じで過ごしていました。

この環境になってくると、楽しくてたまらないのですが、二年目の終わりくらいから本当に「ラク」に仕事が回せるようになってきてしまいました。

この企画は通るだろうか？　企画を通すために上や周囲をどう説得しようか？何をどう進めたらうまくいくだろうか？

成果が出せていない、人間関係が十分でない、信頼を得られていない——そんな状況であれば、人は苦労しながらも頭も体もフル回転させて動こうとします。

しかし、ラクになってしまうと、そういったことを考えなくても経験値や周囲のサポートですんなりとうまくいってしまうのです。

とはいえ、とにかく楽しかったですし、社長や営業部長など関連する人たちがすごく好きでしたので、「このままで良い」と思っていました。

それに、楽しくて同じことの繰り返しが多いながらも忙しさもあったので、その忙しさで「このままで良いんだ」と思い込もうとしていたのかもしれません。

ただ、薄々「これがずっと続くわけないなあ」とは感じていました。

成功アドバイス

「楽しい」は良いことなのですが「ラク」となると、話は少し違ってきます。どこかで手抜きが出てきたり、簡単に回せてしまうので、自分の成長は期待できなくなります。

この状態に気づかないまま「茹《ゆ》でガエル」になってしまう人も少なくありません。そして、いつまでもぐんぐん右肩上がりに調子良くいくと思っていたら、いつの間にか下り坂になっていて、気づいたときには、「過去の栄光に浸っていただけ」という状況にもなりかねません。

ラクで楽しい状態が続くとは、そういう危険と表裏一体であると認識しておいた方が良いでしょう。

ですから、自分で「ラクで楽しく仕事がこなせている、回っている」と気づいたら、即、次のステージに向かう合図だと思い、動くことをお勧めします。

おそらく社会人経験が三年以上ある人であれば、なんとなく「三年」という区切りがそれなりの成果を出して、次にいく節目だと感じるでしょう。この「ラクで楽しい」が転職して一年目や二年目くらいであれば、もう少し楽しみながら、その積み上げてきた成果の上塗りなり「集大成」として確固たる功績につなげることを意識するのもありだとは思います。

しかし、三年目となると、その考え方や行動では少し危険です。

なぜなら、**それまでにかなりの成果や経験を積んでいることで、上の人は無意識的、あるいは意識的に新しい成果を求め始める**からです。

だからこそ、上から「そろそろ新しいことを……」などと言われる前に、自ら次のステージを意識して新たな挑戦をするために動く。それにより、上の人も、周囲も「お、この人はやっぱりすごい人だなあ」と一目置くのです。これをレバレッジにして、次のステージでもその信頼を元に飛躍することが可能になります。

とにかく、「ラク」や「楽しい」に甘んじることなく、次を意識して、今あるものを手放す勇気を！

転職3年目のPoint❷

ラクが続いたら
「ピーク」に近い状態。
次のステップに向かう
合図だと捉え、
次の山に登るための準備をすべし！

3

ラクに仕事を回せるようになったら、人に譲る

仕事が容易に回せるようになったら、「引き際」と考えて、人に譲る準備をしましょう。

エピソード

今回は私の**「人に譲らなかったことによる失敗談」**を、恥を忍んでご紹介します。

二回目の転職先である三社目での話。三社目は二社目での経験をほぼそのまま活かせる状態だったので、仕事的には二年目の比較的早いタイミングからラクに回せるような状態になっていました。

ラクに回せるようになったうちの一つが、社員向けの研修でした。

ダイバーシティ関連の研修は、一般的には外部の専門家や講師を会社に呼んで実施するところが多いのですが、私がいた会社では、私が研修コンテンツを考えて展開していました。自社や業界の特性に合わせた内容でないと、社員に響かず、まったく意味のないものになるからです。

私が現場の人間だったときには、そういったことを若干斜《しゃ》に構えて聞いていたこともあったので、自らが展開する場合には自分でコンテンツを考えて自らが講師として立つことを徹底していました。

最初の頃は、「現場のことをわかっていないのにそんなお花畑みたいなことを言われても通用しない」と厳しい言葉もフィードバックとしてもらいました。その言葉に反抗するのではなく、その都度、研修の内容をブラッシュアップして、より腹落ちしやすく実践してもらいやすい内容へとアップデートしていきました。

やがて、ほぼ完成形というものができ上がり、後は、内勤者向けであったり、外勤者向け、特定エリア向けと、それぞれに少しカスタマイズするだけで、一定の汎用性を持って回せるものとなりました。

これで「ラクで簡単に楽しく仕事をする」の型ができ上がりました。

このとき、部下にしっかりと講師が務まるようにすべきだったのですが、私に直接講師をしてほしいという声が多かったため、私は勘違いをして「私じゃなきゃダメなんだ。自分が求められているのだ」と思ってしまったのです。同時に、ちょっぴり優越感のようなものも感じていました。

そしてそのまま、「まだ私が求められているんだし、なんとか回せるからいいか」と自分だけが講師をする形を続けてしまいました。

部下は部下で、「自分には無理なので、講師はそのままやってください」となってしまい、私はすっかり「講師は私の仕事」と思い込んでしまったのです。

その結果、次の転職をする時点においても、部下が講師となって研修を展開することができていなかったのです。

そのために、私が辞めるとなったときには「このあとは誰が講師をするのか？もうこの手の研修はなくなるのか？」などとちょっとした騒ぎとなりました。

すでに大きな一連の研修は終えていたので、辞めたことですぐに迷惑をかけることはなかったのですが、私が育成を考えて早くから部下に仕事を譲っていたら、もう少し良い形で終えられたかもしれないと、今でも少し悔やんでいます。

成功アドバイス

今回のエピソードは、あえて失敗談にしました。

私は三社目において、部下に仕事を譲りきれないまま転職をしました。つまり、後継者育成という点においては失敗をしたといえます。完全に引き継ぎきれなかったことを後悔していないかと言ったら嘘になります。

それは自分が「ラクで楽しく簡単に回せる仕事」を抱えて、ある意味で楽しさを優先してしまい「自分本位」になっていたのかもしれないという反省です。

改めて思うのは、三年目くらいでこの事例のように簡単に仕事が回せるようになってしまった人は、**自分自身の新たなチャレンジのためにも、また後継者育成のた**

めにも、その仕事をあえて自分から手放すべきだということです。

ここまで何度か、転職のときは「惜しまれて辞める人材になる」と言っていますが、これは一歩間違うと「属人化」にもなりかねません。

そのときは自分ばかりに仕事が回ってきて、「自分にしかできない」と思ってやります。一定の期間はそれでも良いかもしれませんが、最終的にはこの「属人化」は避けなければいけません。自分がどうしても休まなくてはならないときなどはどうするのか？　そういったことまで考えて行動しなくては、時と場合によっては周囲に迷惑がかかることにもなりかねません。

ましてや転職ともなると、その会社の仕事をすることはもうできません。気持ちよく転職するためにも、**「惜しまれる」のは大事ですが、後継者の育成も含めて「やりきる」**ことが重要視されます。このバランス感覚を忘れることなく意識できる人が、本当の意味で「できる人」なのだと思います。

転職3年目のPoint❸

自分が苦労して作ったものを
人にやすやすと
渡したくない気持ちもわかる。
けれど、
同じ仕事を一生できるわけではない。
自分のため後の人のためにも
「引き際」を考えて！

4

社内外から声をかけられる立ち位置をとる

成果を上げ続けて目立ち、「声をかけたい」と思われる存在になることを意識しましょう。

エピソード

私には転職につながる社外交流の場がありました。それは業界内におけるダイバーシティや女性活躍推進の担当者間のネットワークでした。

当時、外資系で本社から「ダイバーシティを推進せよ」とお達しが降りてきた会社や、「女性活躍推進を本格的に始めないと」と言い始める企業が、業界内に増えてきていました。

そんな中で私も、二社目の会社が吸収合併された直後に、「ダイバーシティ推進のチームを立ち上げる」という命を受けたのはすでにお話しした通りです。ちょうどその頃、同じ悩みを持つ社外の人とちょっとした情報交換の場で出会い、「同じ悩みを持つ責任者どうしで、定期的に集まって課題を持ち寄らないか?」となり、月一回の勉強会をすることになりました。

その回数を重ねていくうちに参画企業が増えていき、やがて業界大手と言われる会社のほぼすべてが揃い、ちょっとしたネットワーク活動へと展開しました。

そこから合同で女性社員やその上司向けに啓発する研修や座談会などのイベントを企画・運営するまでになったのです。

このようなイベント開催には社内外の調整が必要です。

私はこれを通じて会社全体を巻き込む力を得られました。企画の趣旨や参加するメリットのプレゼン、参加者の募集等々の作業を通じて、人間関係や信頼関係の構築力を高めただけでなく、それが業界のメディアに取り上げられたりすることで、社内外での認知度が上がっていったのです。

社外へのアピールになったことが、社内での自分の評判や信頼を上げることにつながったのも大きなメリットでした。

一度社内での存在価値を示すと、その後の仕事を進めるのがとてもラクになります。

その仕事において第一人者になり一目置いてもらえるようになると、仕事は勝手に回ってきますし、調整も問題なく進んでいく――そんな感じでした。

結果として、社外に認められる賞の受賞やランキング入りを果たして、業界内ではダイバーシティ関連で常にトップレベルでいることができました。

それに伴い、事例紹介を求められたり、他業界からも話を聞きたいという問い合わせが増え始めました。会社側もこの状態に気を良くしており、特に社長はことあるごとに良い事例として社内外に広めてくれました。私自身も自分の成果が面白いほど実を結ぶことに日々喜びを感じていました。

そうやって社外のネットワーク活動においても、着実に成果を積み上げた頃、「その同じ仕事をうちでやらないか?」と競合他社にいる知り合いから声がかかりました。

ある程度やり遂げた感があった私は、迷うことなく、新たなチャレンジとして転職を選んだのです。

成功アドバイス

良くも悪くも「目立つ」ことにはリスクを伴います。必ず足を引っ張る人が出てくるからです。しかし、それを怖がっていては、何もできないでしょう。**尖って、思いっきり出る杭になって、それを成果と結び続ける**——これを継続することでようやく社内で認められて一目置かれるポジションを得ることができます。社内だけでもその立ち位置（ポジション）を取って、存在感を示すことができれば、仕事をする上でも、自分の思う方向や、やりたかった業務などに近づけられる可能性が広がっていきます。

そして、それを社外に広げることもぜひ意識していただきたいです。私のエピソードは偶然立ち上げに関わったネットワークがきっかけでしたが、自分にはそういう機会はないからと社外の可能性に目を向けないのはもったいないことです。

異業種交流会やＳＮＳなどで知り合った人との縁で、思いもよらぬ展開が待っているかもしれません。

ここでも**待ちの姿勢ではなく攻めの姿勢が大事**でしょう。

社内で存在感を示せれば、社内異動などのときにも有利に働くかもしれませんが、社外ですと、転職などにもつながります。まさに私がそうであったように。

「別にもう転職はいいし」と思っている人もいるでしょう。それはそれでもちろんＯＫです。ジョブホッパーとなって、転職ばかりを繰り返すのは個人的には後々問題になる可能性もあるので、お勧めはしません。

ただ、社外から声がかかることで自分の市場価値を知ることもできますし、自信につながったり、改めて自社でしたいことがわかったりもします。

そんな使い方もできますし、「できない人」「普通の人」よりは、目立って損することはありません。さまざまな機会を奪われないためにも、社内外で一目置かれるポジションになって存在感を示すことを、ぜひ頭において日々を積み重ねていくことを、強くお勧めします。

転職3年目のPoint❹

どこにチャンスが
転がっているか、わからない。
だからこそ何事も
全力で取り組むべし！

5

ダントツのリーダーシップを発揮する①

リーダーシップと言ってもさまざまなスタイルがあります。いろいろ試して、自分に合うもので発揮していきましょう。

エピソード

実は私は、自身が先頭を切ってグイグイ引っ張っていくリーダーシップのスタイルが得意ではありません。しかしここでは、私がグイグイ引っ張るリーダーシップのスタイルを取らざるを得なかったエピソードをご紹介したいと思います。

競合他社とのネットワークを作って成果を上げて、社内外での認知度を上げたときの話です。

競合他社との情報交換がきっかけとなったダイバーシティ関連のネットワークでしたが、最初は「お互いの大変さを共感し合う」ような情報交換の場でした。同じ悩みを共有し合い、「やっぱり大変ですよね」「そう簡単に推進できないですよね」という傷の舐《な》め合いのようなところもありました。

最初は五社程度で集まっていましたが、そこから回を重ねるごとに参画企業が増え、やがて一〇社近くになっていきました。その後も噂を聞きつけた他社の参加希望も続いていたため、「これだけの同業他社が競合でありながら情報を交換しているのに、単純に〝他社の状況を聞く会〟で終わらせるのはもったいない」と考えた私は、何か形にしたいと考えるようになりました。

そこで初期のタイミングから一緒に始めた他社のメンバーに相談をしてみたのですが、メンバーの多くは定期的にローテーションで部内異動などがある立場。他の初期メンバーも似たような環境だったり兼務の人も多く、確実に数年単位で同じ業務に携わるのは私しかいないように思えました。そこで「これは私がやるしかないのか?」と一種の決意をしたのです。

とはいえ、「社内ですら組織横断プロジェクトなどをまとめるのは大変なのに、会社を跨《また》いでまとめて、リーダーシップを発揮するなんてできるのだろうか?」という不安が頭をよぎりましたが、他にできる人・やれる人がいない。だからやるしかない。幸い、社外関連の取り組みで評価にも影響のない内容でしたので、「評価に関連しないし良いか!」と割り切ることができました。

何よりも「業界を変えたい!」という思いの人が集まっていたので、ベクトルが同じ方向に向いていました。「もっとこっちに行こう!」と引っ張る人がいなかったので、それを私がしただけです。

でも「それをしただけ」で私はリーダーシップがあると周囲から認められ、何かと頼りにされることが増えていきました。それが、私にも良い意味でのプレッシャーを与えてくれて、「期待されているのだから、みんなを引っ張って、会社を跨いだネットワークでも何かしらの形を残したい」という意識につながりました。結果として、このネットワークの取り組みが各々の会社で認められただけでなく、メディアにも取り上げられたりすることで、私のリーダーシップも認められる場が増え、より一層「この組織を引っ張って、結果を出そう」と力が入るようになりました。それによって「ダントツのリーダーシップ」と周囲から言われるようになったのです。

私個人としては、あまり得意ではないスタイルなのですが、誰もいないから仕方なくやるかと思ってやったことが、こういった形で周囲から認められることもあるのだというお話でした。

成功アドバイス

今回の私のエピソードは、ちょっとしっくりこなかった方もいるかもしれません。「そもそも私の仕事はリーダーシップの発揮を必要としないし」と思った人もいるでしょう。ただ、**ビジネスの世界ではリーダーシップは誰もが持つべきビジネススキルの一つ**と言われています。そして、今まで多くの社員と接してきた経験から思うのは、「リーダーシップは我々一人ひとりが大なり小なり持っているもので、発揮するかしないかの違いだけではないか？」ということです。

性格上、それが得意不得意というのはあると思いますが、何かしら得意分野ができてくれば、必然的にそれが自分の自信になって、周囲に伝えていくうちに「じゃあ、リーダーをやって」ということになる。これを自分で「ＹＥＳ」と引き受けるか、「自分には無理です」とそのチャンスを逃してしまうかではないでしょうか？

成果を出して、それをさらに大きくしたり次のステップにつなげていったりするには、やはり「目立つ」ことは重要です。その目立ち方も一人で完結することばかりでは限界がありますし、周囲からの反感を買う可能性も高くなります。いずれにしても一人でやって良いことはある程度までで止まってしまいます。

そのためにも、人を引っ張る王道のリーダーシップを取れる場を意識して、自らそのポジションを掴みにいったり、サポート役でも、その役割の中でリーダーシップを発揮したりすることで、目立つことやダントツ感を与えることができます。

その意識があるかないか――その違いなので、意識して取りにいく、身につける、発揮することが重要になってくると思います。

転職3年目のPoint❺

リーダーシップは
リーダーでなくても
持つべきスキル。
発揮して損はしない。
変な謙遜の意識は捨てよう!

6

ダントツのリーダーシップを発揮する②

「縁の下の力持ち」のように部下やメンバーを背後から見守り支える「サーバントリーダーシップ」というスタイルもあります。

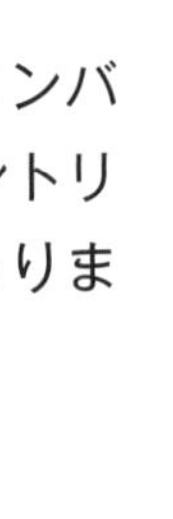

エピソード

「サーバントリーダーシップ」

「サーバントリーダーシップ」という言葉をご存じでしょうか？

サーバントには「奉仕」や「使用人」という意味があり、先導し引っ張っていくリーダーとは逆の、メンバーを後ろからサポートしてまとめていくリーダーシップのスタイルを言います。

私は自分が部下持ち管理職になった頃は、このようなリーダーシップのスタイルがあることを知りませんでした。ただ、先導して引っ張っていく王道のリーダーシップのスタイルが自分の性格と合わなかったこともあり、なんとなく「自分は上司ではなく同志でありたい」と考えていました。

部下持ち管理職になって十年以上経ちますが、私のもとにきた部下の多くは、ゴリゴリと引っ張られるよりも、「一緒にやろう！　何かあっても私が後ろから支えているから大丈夫だよ」と言われることが合うタイプでした。

これは部下の性格にもよりますし、その時々でメリハリや他のリーダーシップのスタイルとの合わせ技も必要ですが、ここでは私のサーバントリーダーシップがうまくいった事例をご紹介したいと思います。

二社目で三年が経った頃、中途で新しい社員が入ってきました。その社員は自分でやりたいという意志が強く、志がとても高い人でした。こちらがいろいろと口を出したり、背中を見せて引っ張るよりも、彼女の良いところを伸ばした方が絶対に成果につながるな、と感じました。

グイグイ引っ張るリーダーシップのスタイルは、ないとまったく事が進まない場合もありますが、ときにマイクロマネジメントになってしまいがちです。前で引っ張るがゆえに、「ちゃんとついてきているか？」「ちゃんとできているのか？」が気になってついつい細い点まで管理したくなってしまう人もいます。

しかし働き方も多様になり、世代間でもさまざまな価値観の差が生まれている時代ですし、何より私自身がマイクロマネジメントをされるのが大嫌いでしたので、部下にはしないように意識していました。

中途で入ってきたその部下は、とりわけサーバントの方が合うように思えました。

そこで私は、彼女には大きな方向性だけ示して、あとは好きなようにさせました。期限などもざっくりと示したりしましたが、それよりも前にやりきってしまうことも多かったので、途中からはそこの管理も任せました。ただ、何かあれば都度、私に相談するという約束だけを取り決めて。

これにより、彼女は本当にのびのびと、自身のアイデアをふんだんに盛り込み、付加価値をつけながら成果を上げていきました。それが他のメンバーの刺激にもなり、徐々に「独り立ち」をして、自らの中にある「リーダーシップ」を発揮していく人が増えていったのです。

こういった経験を通じて、**部下の性格や特質さえ押さえれば、サーバントリーダーシップの方が、個人の能力を引き出して伸ばすことができる**——そう確信しました。

成功アドバイス

サーバントリーダーの提唱者はアメリカのロバート・K・グリーンリーフ氏です。彼はアメリカの教育コンサルタントで、自身のリーダーシップ研究の中で「サーバントリーダーシップ」という言葉を生み出し、一九七〇年に著書で「奉仕(servant)こそがリーダーシップの本質である」ということを説いています。もう五十年も前に言われていたのです。

ここ最近改めてフォーカスされているのは、グローバル化が進み、世界規模でビジネスの速度が加速している中、**リーダーがすべてのメンバーを管理し指示する従来型の方法では、時代が求めるスピードに追いつかなくなった**からでしょう。

もっとメンバーを信じて、任せて、能力を開花させて、一人ひとりが自分の中にある「リーダーシップ」を発揮する——これによって組織全体の力を上げて結果に結びつけるやり方こそが早く確実だ、ということでもあります。

そしてサーバントリーダーシップにおいては、全体の方向性やビジョン・ミッションなどの共通認識など、リーダーとして握るべきところはしっかり握って、あとはメンバーに任せるということが大事です。

実際には、昔ながらの**一人のリーダーが引っ張っていくスタイルとサーバントスタイルをミックスさせて、部下の性格や時と場合によって使い分ける**——これができるのが目指すべきリーダー像と言えます。

こういった形でリーダーシップを発揮できるようになり、実績を積んでいくことで、存在感もさらに増していくと、「できるリーダー」と認識されるようになります。すると、さらなるチャンスが舞い込んでくるという良いループに入ることができるでしょう。

転職3年目のPoint❻

部下やメンバーは多くの場合、
不安を持ちながら
業務をこなしている。
それに対して、
「自分はいつでも支えている」
という態度を示して
安心感を与えるのが大事！

7

「信頼残高」を着実に貯めていく

信頼関係が生まれることにより積まれていく「信頼感の強さ」を、貯めるだけ貯めていきましょう。

エピソード

私は企業人生活を二十年以上してきたので、社内外からそれなりの信頼は得てきたつもりです。信頼を得るだけで、こんなに仕事がラクに回るのだなと感じたことも多々ありました。だからこそ**「信頼残高」は貯められるときに思いっきり貯めておく**というのが私の考え方です。ここでは私なりの「信頼残高の貯め方」をご紹介したいと思います。

端的に言うと、**信頼残高の貯め方＝信頼を貯金していく＝信頼を積み重ねていく**――ということですが、私がやってきたことは小さな実績の積み重ねです。

何かを頼まれたら即返事をして対応する、言われたことに必ず付加価値をつける、期限を守り可能な限り前倒しでやりきるなど、ごくごく「普通」のこと。これを自分の経験や実績がどれだけ積み上がってきていても怠《おこた》ることなく愚直にやってきただけです。

「たったそれだけ？」と思うかもしれませんが、三年目くらいだからこそ、あえて初心を意識するのがとても重要だと思っています。

それと同時に、大切なことは、必要以上に謙遜しないということです。謙虚は大事ですが、謙遜は不要です。謙遜と謙虚はまったくの別物なのです。

社内での存在感が増してくると、役員と直接やり取りをする機会も増えてきたりして、業務内容やポジション（職位）によっては、役員会でのプレゼンなどをするときもあります。そのときすでに「顔と名前」を覚えてもらっていて、その内容が成果とリンクしているものであれば、一気に「信頼」を得られる可能性が高まります。仮にそのような機会がなくても、**社内で表彰されたり、大きなプロジェクトを成功させたりすると、必然的に社内で「目立つ」存在になり得ます。**

一方で、成果を積んでも、それに自分が関わったことをアピールしなければ、自分の存在自体、気づかれません。存在が気づかれないということは、信頼も得られないということです。私は、このリアルな「ビジネスの当たり前」を理解していなかった頃は、何か成果を上げて表彰されるようなことがあっても、他の人に代表で受賞の場に行ってもらったり、誰かに褒めてもらっても「私なんて、何もできません。今回の成果は偶然です」と言ってしまったりと、過剰な謙遜で相手が引いてしまうくらい自分を低く見せていました。

そのような言動がすべてかどうかはわかりませんが、自分自身でも成果を出したことに対する「自信」はなく、周囲からの「信頼感」は得られていなかったと思います。少なくとも存在感はそれほど増していませんでした。

そんな経験もあったので、三社目では、成果を出す機会が多かったこともあり、キーパーソンの「レバレッジ」も活用しながら、前に前に出ていくことを意識しました。褒めてもらえたら素直に受け止め、役員会で発表の場があれば、率先して「私が発表します」と上司に告げて、実際にプレゼンするなどです。

当然、存在感や信頼感が増すとプレッシャーも感じます。足を引っ張ろうとする人も出てきます。けれども、そこに引きずられることなく、また、慢心で一気に得たものを失うことのないよう、慎重かつ大胆に成果を積み上げていきました。

結果として、その積み上げによって圧倒的な信頼感を得られた後は、信頼レバレッジを効かせて、サクサクと本当にやりたいことをやることができました。

成功アドバイス

信頼残高が増えて、圧倒的な信頼感を得られた状態になり、良い意味で「自分の好きなように仕事ができる」のは最高の状態かもしれません。それなりに責任も伴ってはいますが、それをさらに積み上げることで、さらなる信頼感につながり、より大きな仕事にも恵まれ、自分も成長させられる——そんなループに入ることができれば最高でしょう。

ただ、この領域までできたとしても、気をつけなければいけないことがあります。それは、**ちょっとした気の緩みも許されづらい状態になっている**ということです。

ほんのちょっとの「これくらい、いいか」で、それまで積み上げた信頼が一気に失われることもあります。もちろん、確固たる信頼関係ができていれば、そうそう簡単に失われることはないでしょうが、内容次第では「残高」は確実に減りますし、ほんのちょっとを数回繰り返せば、間違いなく失われます。

一度失ってしまうと、そこから元の状態まで戻すのは大変です。

結局、妥協したり手を抜いたりすることなく、**どんなに実績が出ていても常に程よい緊張感を保ちながら仕事をしていく**ことが大事なのかもしれません。

信頼に甘んじることなくバランスよくやっていくことが、望ましい在り方であると言えるでしょう。

転職3年目のPoint❼

権限委譲も含めて
任されるのは
「信頼度」の現れ。
信頼残高を増やしながら、
自分がチャレンジしたいことに
果《か》敢《かん》に取り組める環境を
自ら整える！

8

挑戦し続け、成果を積み上げる

成果はいくら積んでも良い。「もうこれで良いか」ではなく、さらに挑戦し続けたいものです。

エピソード

挑戦し続けて、成果を積み上げる――ここでは私の先輩のエピソードをご紹介したいと思います。

私が新卒で入った最初の会社の先輩で、今はあるグローバル企業の日本支社長をしている方がいます。私より五つくらい上で、当時から「あの先輩はよくできるから見ておいた方がいいよ」と周囲の人が言う、少し目立った存在の人でした。

私がいた部門で最速で管理職になった彼は、その実力を買われて、比較的小さな部門に異動となり、その後、その部門のトップ（役員）になりました。当時はまだ三十代で、いくら小さな部門とはいえ、異例の速さだったと思います。

そこまでのポジションになると、なんとなく「安定」というか保守的になる人も多いのですが、彼は若かったこともあったからか、彼なりの部内改革をどんどん始めていきました。

部内での三六〇度評価を取って、自分や部長陣などに対する率直な意見を集めたり、他部門にも自部門の印象を聞いて回るなど、本来は見たくない部分もしっかり見て改めていく――そういう気概を感じました。

そして、部内でのコミュニケーション活性化のためにあえて定期的に全員を集めてミーティングしたり、アフターファイブや週末を使ってのイベントなどを企画したりしていました。

その結果、それまであまり目立たなかった彼の部門が一気に社内でも目立つようになり、社内公募で人を募集すると、応募が殺到するような状況になったのです。

さらに彼は、日本国内での部門の立て直しがうまくいっても、そこに甘んじることなく、海外本社との新たな関係性の構築にも奮闘していました。

人数が少なく、正直稼ぎ頭ではない部門でしたので、海外の本社もそれほど期待してはいなかったでしょう。それが国内の風土改革とともに実績も上がってきたので、軽視するわけにもいかなくなり、彼のアイデアをいろいろと聞き入れたようです。日本の市場でも徐々に彼の部門が携わるサービスが広がっていきました。

そして、「日本においてはここまでが限界かな？」というところまできたとき、彼は育てていた後継者に自分のポジションを明け渡し、異なる業界の日本支社長に転職していきました。

そしてその会社でも同様に挑戦し続けて、しっかりと結果を出しています。

彼とは同じ会社にいたときはほぼ接点がなく「すごい先輩だなあ」くらいに見て

いるだけでしたが、ふとしたきっかけから定期的に集まる飲み会メンバーとなり、今は交流を持つようになりました。

転職してその会社の社長として成果を上げた彼は、さらに別の会社に転職をして、また日本支社の社長をしています。

彼がいつも言うのは、「挑戦し続けるしかないんだよ。一瞬でも気を抜いたらあっという間に負けちゃう。気が抜けないけど、まあそれが楽しいし、そうやって成果を積んでいくと、どんどん次のチャンスもくるし、自分もチャレンジしてみたくなっちゃうんだよね」。

彼のこの言葉を聞く度に、私ももっと頑張ろうと思うのです。

成功アドバイス

挑戦し続けることは大事です。ビジネスに限らず、何においてもです。現状維持で良いと思っていると、時代の流れにとり残されて、結局は維持どころか衰退してしまうのが悲しいけれども事実です。

とはいえ、ずっと頑張り続けるのもしんどい——この気持ちもよくわかります。私もそんなときがたくさんありましたし、今も時々ありますから。

挑戦がしんどいときは**無理をせずにうまく力の配分を変えてみれば良い**と思います。

これまでに積み上げてきた「信頼残高」（168ページ）や実績という名の「貯金」もあるでしょう。ある程度の期間であれば、その貯めてきたものを切り崩すこともアリです。

ただ、長期間それをしてしまうと、いつかは貯金もなくなりますし、周りからも「新しい成果ないよね」となってしまいます。今までに作ってきた「存在感」を失うことにもなりかねません。

少しの期間「休憩」をしたら、やはり、挑戦を再開することが不可欠でしょう。そうやって挑戦をし続けることで、成果もさらに積み上げていくことができ、周囲からの信頼もより厚いものにしていくことができるのですから。

無理をし続けず、ときには自分を甘やかして優しくしつつも、また少ししたら次の成長を意識して前に進んでいく――この繰り返しは転職三年目に限らずとも、ビジネスパーソンとしても一個人としても大切なマインドなのではないでしょうか。

転職3年目のPoint❽

ビジネスはときに戦場であり、
ゲームでもある。
常に油断することなく
ビジネスという場での
「戦闘力」を磨く!

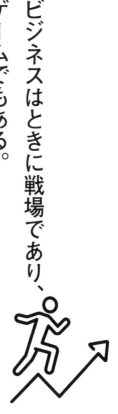

まとめ

成功する転職・失敗する転職

1

転職するとしたら…短期間の繰り返しには要注意

ステップアップの転職はお勧めしますが、
短期間での転職は基本的に「一回のみ」と
思っておきましょう。

先に、社内異動や転職する「方法」について簡単にお話ししたいと思います。
まず社内異動ですが、これは会社の規模や制度によって異なってきますが、会社都合による異動以外には、

①社内公募への応募

②人事や上司（過去の上司を含む）に相談や直談判

などが考えられます。

こういうときに、積み重ねてきた実績や成果、社内での人脈、キーパーソンを押さえるなどといったそれまでにしてきたことを思う存分活かします。転職と違って、社内の事情がわかる中での新しいステージなので、精神面を含めて負荷は少ないはずです。機会があれば、ぜひそれらを活かしてください。

次に転職に関してですが……。

この本は転職「後」の過ごし方をメインに書いているので、読んでくださっているほとんどの方は転職経験者だと思います。

そのときの転職方法がどういうものかは人によって異なりますし、その方法も時代とともに増えてきています。例えば、自ら会社のホームページで採用情報を見て応募する方法以外には、

①転職エージェントの利用
②ヘッドハンティング
③リファーラル（その会社にいる人や知人などからの紹介）
④ＳＮＳの活用（LinkedIn、Facebook、Twitter などを通じた応募）

などがあります。

②のヘッドハンティングは、それなりのポジションや役職の人に対してが多いので、ほとんどの人はそれ以外の方法で転職することになるでしょう。

王道は、①の転職エージェントの利用です。

会社側としては、エージェントによってある程度、経歴などを事前確認している「保証された」人を採りたい、というのが実情としてあります。ですので、それなりの人を採りたいと考える会社は転職エージェントを積極的に活用しています。ただ、エージェントは採用時の報酬が高いので、「もったいない」と考えている会社があるのも事実です。

また、クオリティを「保証された」と思って採用した人が、実際はそうではないケースもあり、ミスマッチも起こることが多々あります。エージェントによっては、「とにかく半年くらい働いてくれたら紹介料がもらえるから良い」とお金だけを念頭に置いた無責任なところも皆無ではないので、採用する会社側も、エージェントの活用には慎重な場合もあるのです。

そこで最近は③のリファーラルと言われる既存の社員からの紹介や、④のLinkedInやTwitterなどSNSを通じての採用も増え始めているようです。Twitterなどで発信している場合、その発信内容を通じて人となりが見える部分もありますので、採用する側もそこからその人の人物像が会社に合うかどうかを含めて推し量ることができます。

このような感じで転職に対するハードルは、かなり下がってきました。条件などにこだわらなければ、社内異動よりも簡単にできるとも言えるでしょう。

そして、一度転職を経験すると、転職に対するハードルはグンと下がります。私自身の経験を振り返っても「忍耐力」が低下する傾向があるように思います。

転職先の会社の雰囲気なり仕事内容なりが、何か嫌だ、合わないと思うと「また転職するかな」となりやすいのです。そして短期間で転職を頻繁に繰り返してしまう――そういう人は「ジョブホッパー」と呼ばれてしまいます。

ジョブホッパーは、転職の回数が多い人を揶揄《やゆ》して使うケースも多く、あまり良い言葉として捉えられてはいません。

仕事や職場環境がどうしても合わない、あるいは家庭の都合などのさまざまな理由で、一年やそれ以下の期間で転職していく人もいます。

一回、せめて二回くらいなら良いのですが、頻繁に繰り返していると「この人は何か問題があるのでは?」と思われてしまいます。

短期間での転職理由が明確でない限り、相手の印象は悪いものとなります。

また、理由が「仕事にどうしても馴染めない」「人間関係が嫌で」という場合も、相手は「この人は長く勤まらない人だ」「他責にする人だ」と感じるでしょう。

一度ジョブホッパーとなってしまうと、その履歴は職務経歴書からは消せません。本当に注意を払わなくてはなりません。

それに、短期間では「成果」を残すことは難しく、「石の上にも三年」ではないですが、やはり「三年」というのはそれなりの意味のある期間だと思います。

転職をすると、意外といろんなところで世間は狭く感じられます。特に同じ業界ですと、それなりの肩書きを持った人の動きは結構知られています。

だからこそ、一社一社をきちんとやりきることが大切なのです。

社内異動
通常の異動
社内公募
相談や直談判
転職の方法
転職エージェントの利用
ヘッドハンティング
リファーラル(知人の紹介)
SNSの活用

成功する転職のPoint❶

目先の「美味しそうな」条件の転職に飛びつかず、ある程度先も見据えて行動すべし！

2

三年で一サイクルを「クセ」にする

三年という年数の意味を考えてみましょう。

「石の上にも三年」という諺《ことわざ》もありますが、「三年なんて長すぎる。我慢なんてする必要はない」という人もいます。これだけ時代の変化が激しい時代に、たしかに三年は「長い」かもしれません。

しかし私は、**転職において三年という単位は必要**ではないかと考えています。三年で一サイクルが回せることを過去三回の転職や社内異動を通じて感じてきたからです。

大きく分けるならば、**一年目は状況把握、二年目は成果を意識して動き、三年目に成果を固めて信頼を得る、**という感じです。

おさらいとなる部分もあるかと思いますが、再度それぞれの年をどう過ごしたら良いか、そのポイントを見てみましょう。

一年目は、とにかく新しい会社に「馴染む」ことが大切です。会社は転職してきた人に「新しい血を入れて、組織の活性化をしてほしい」と期待している場合も多いですすし、自分もそんな気概や大志を抱いて入社することもあるでしょう。そういった「やる気」や「初心」は忘れずに保ち続けたいですが、組織に属する以上はある程度「馴染む」ことも大事です。

馴染むためには、過去の会社と比較せず、試されていると感じながらも恐れず、まっさらな気持ちで新しい会社を楽しむことが不可欠です。そして転職前に期待していたことや聞いていたことと現実が違うのは当たり前であることを認識し、それすらも楽しむ。徐々に会社を知り、人を知り、自身の「居場所」を少しずつ作っていくのがとても大切な、種まきの年です。

二年目は、成果を意識して動く、がキーワードです。転職した会社の様子がいろいろと見えてきて、自分の立ち位置が固まってきたら、次は少しずつ自分を良い意味で目立たせて、成果を上げながら動く。そして、少しずつ「尖って」存在感を示していくのです。

ある程度の人間関係もできて、こんな人だということが周囲にもわかってもらえる頃なので、成果とうまく結びつけて「顔を売る」ことは、会社での確固たるポジションを築く上でも重要になります。中途半端な謙虚さはビジネスでは不要。傲慢さはもちろんＮＧですが、少し過剰なくらいにアピールすることもときには大切になってきます。そうしないと、どんどん目立つ人の中で埋もれてしまいます。

もちろん、そこには実績も伴っていなくてはなりません。「自分にしかできない仕事とは何か？」を問い、目の前の仕事をきっちりと一つずつ積み上げ、さまざまな人を巻き込みながら成果につなげる。それが次のステップへとつながるので、二年目にしっかりとした土壌を育《はぐく》み、花を咲かせたいところです。

そして三年目。成果を固めて社内外から信頼を得て「結実」させる年です。仮にこの時点で自分の思うような「実」が結べていなかったとしたら、急いで巻き返す必要があります。一年目、二年目のところで押さえておきたかったポイントのどこが欠けているのかを分析して、足りなかった部分の巻き返しをしましょう。

それなりの時間が必要なものもあるかもしれませんが、転職者にはそれなりの経験値があります。「これができていなかったから、もうダメだ」ではなく、できることに目を向けるだけです。

どのような状態であれ、この三年目でどうやって「実を結ばせるか」にフォーカスしましょう。そして、リーダーシップを発揮しながら、社内外での人脈をしっかり作って、何かあれば社内からも社外からも声をかけられる存在になるのが一つの目標になります。ここまでこられたら、一つの形にできたと言えるでしょう。

この一年目から三年目は、転職した業種や業界を問わずに押さえるべき点であると思っており、**三年で一つの形に仕上げて「卒業する」**のが自分自身を振り返っても、また周囲の人を見ていても感じるところです。

これは社内異動でも同じです。それなりの結果を残して、次のステージや他部署

石の上にも三年

◎とにかく新しい会社に「馴染む」ことが大事
◎過去の会社と比較しない
◎「居場所」を少しずつ作る

◎「成果」を意識して動く
◎少しずつ「尖って」存在感を示す
◎人を巻き込みながら成果につなげる

◎社内外から信頼を得る
◎社内外での人脈をしっかり作る
◎どのような状態であれ、「結果」を残す

卒 業

に異動する人は三年単位くらいが多いですし、大手の日系企業などでは、三年を転勤やローテーションの一単位として区切っているところが多い印象があります。となると、やはりこの単位にはそれなりの意味があるのです。

ただ、仕事の習熟度や経験値によってはケースバイケースです。一、二年目で三年間で押さえるべきことまでしっかり押さえられたならば、二年という単位でも次のステージに進むこともあるでしょう。

とにもかくにも、**一サイクルを回した後は、次の活躍の場を求めて動くタイミング。**「せっかく得られた〝実〟をじっくり味わいたい。わざわざ新しい茨《いばら》の道を選ぶなんて……」と思ってしまいがちなタイミングでもありますが、そこは甘える気持ちを抑えて、意識して離れるべきです。

そしてそのサイクルを「クセ」にして、次の山においても、三年で頂上まで行き、次の山へ。こういった形でキャリアを積んでいくのが理想です。山は、社内異動や転職によって得られます。そこまでにしっかりと成果を上げて認められた状態であれば、恐れることはありません。恐れず取りにいきましょう。

成功する転職のPoint❷

何事もピークをすぎたら、
下り坂。
頂点に登ったら、
次の山に向かっていく！

3

過去の栄光を捨てる勇気を持つ

【マインド・メンタル編】

次のステージに行くためには、「過去の栄光を捨てる勇気をどれだけ持てるか？」が重要になります。

誰しも一度得た賞賛や栄光をやすやすと手放したくはありません。

しかし、この世は何においても「栄枯盛衰《えいこせいすい》」。栄えたり衰えたりを繰り返すのが世の常というものです。いつまでも過去の栄光にしがみついて、衰えていることに周囲は気づいているのに当事者だけが気づいていない……。そんな状態の人を目にしたことがあるでしょう。

スポーツ選手や歌手が、人気のピークを迎えている最中に引退をする様子を見て、惜しいと思う一方、徐々に廃《すた》れていき、「過去はすごかったのにね」と言われるよりは、良い印象のまま終えた方が潔《いさぎよ》くて良い、という見方もあります。

転職もこれとまったく同じことです。**自分としての「栄光」を三年目なりに得られているならば、そのピーク時に「あえて捨てることを選ぶ」**のです。

栄光と言えるものはない――という人もいるかもしれませんが、その場合には「ラクに仕事が回せるようになった」が一つの目安。「ラク」と「楽しい」も、ある程度の期間がすぎたら、惜しいと思っても手放すことが大事です。

私が知っている大手企業の社長だった方は、本当にピークのときに「栄光」をあっさりと捨てて、次の荒波へと飛び込んでいきました。

その人は経営が厳しかったときに社長となり、見事にV字回復を達成し、その過程において社員の心をしっかりと摑んで絶大な信頼を得ていました。V字回復をして、その後のさらなる展開を誰もが期待したとき、彼は、「自分のやるべきことはやった」として後任に自分のポジションをあっさりと譲って、次の会社へと移っていきました。

誰もが「何も今辞めなくても」と思って惜しみましたが、彼としては自分のすべきことをやりきっていて、これ以上いたら後任が引き受けづらいと思ったのかもしれません。まだ四十代でしたので、自身の成長のことも考えて去ったのだろう、と今であれば思うことができます。

栄光も、ラクも楽しさも、「引きどき」を逃してしまうと、次のステージへと向かうことが本当に難しくなります。

「旬」でピークの状態であれば、自分にも自信があり、周囲の目も好意的なので、自分の思う方向に持っていくことがしやすいでしょう。

社内異動であれば、自ら希望したところにいける可能性も高まります。転職であれば年収やキャリアアップなどのステージをぐっと上げたチャレンジもできたり、その機会の幅が広がるでしょう。良い意味で相手が「錯覚」や「欲目」で見てくれている状態ですので、それを利用しない手はありません。

一度手放さないとほしいものは手に入らない、とは人生訓のように言われていますが、仕事やキャリアの面においても言えるかもしれません。

次の栄光＝成果を得て目立つためには、それなりの時間が必要となります。よって、自分が望む社内異動をしたり、キャリアアップの転職をした人は、また新たなサイクルを一年目から始めているので、周囲の人の目には「大変そう」な部分しか見えないかもしれません。「あのままいたら良かったんじゃないのかな？」と思ったりする人もいるでしょう。

一方で、過去の栄光にしがみついているうちに、いつの間にか周囲に忘れられた……という人もたくさんいます。

「過去にすごい敏腕だったと聞いたけど、今の姿からはまったく想像できない」などと言われる人が時々いますが、それがまさに「過去の栄光を捨てきれなかった人」です。こういう人は、そもそもの存在感が薄まってしまっているので、なかなか気づかれません。私は人事の仕事をしているからかもしれませんが、意外と冷静にこの辺りの様子が見える方ではないかと思っています。

「うまく、良いタイミングで次のステージに行って、また活躍のベースを作っているな」という人と、「あの人は次に行くタイミングがあったはずなのに逃してしまったばっかりに……」という人の事例をいくつも目の当たりにしてきました。

後者に関しては思うところが多々あります。ある役職にしがみついてお山の大将のようになり、上司や会社の方針が変わったら左遷させられたり、立場が悪くなって辞めざるを得なくなってしまう……。こんな状況に陥った人を何人も見てきました。

職業人としての人生は意外と長いもの。無駄に過去の栄光にすがるようなことはやめて、さっさと次に行き、新しい栄光を作って、手放して、また作って……と**どんどん活躍するステージを上げていきましょう。**

変化が激しい時代。ビジネスには不変の王道的なところがある一方、過去のやり方がまったく通じない部分もあります。また、コロナ禍のように、予想だにしなかったことが起こる中で、いかに柔軟性をもって動けるかを問われることもあります。そういう視点で考えても、常に成長し続ける人こそが敏感にチャンスを自分のものにして、変化に物怖《ものお》じすることなく自分の実力を発揮できると言えるでしょう。

成功する転職のPoint❸

未来予測が
本当に難しい時代だからこそ、
過去の栄光を捨てる。
勇気を持つこと＝「今」を意識して、
将来を見据えて動くこと！

4

過去の棚卸しをする【スキル・技術編】

「あっという間」でも、「長かった」でも、三年間で何をやったかをしっかりと振り返ることが大事です。

過去を整理することは大切です。ここでは過去の棚卸《たなおろ》しについてお話をします。

私は、過去の棚卸しには大きく二段階あると考えています。

①過去の出来事や成果を整理すること
②その内容を元に、望むキャリアの方向性の確認をすること

①を一言で言えば、**頭の中にあるものを吐き出し、「書き落とす」**ということです。

頭の中で一生懸命考えるより、思いつくままとにかく書き出す。ただ書き出すというよりも、頭の中のものを目に見える形で「落とす」という意味合いで「書き落とす」のです。

紙に書き落とすか、パソコンで打ち出すかは自分のやりやすい方法でOKです。方法を決めたら、とにかく書き落とす。このときは時系列などは気にしません。一度書き出しておけば、後で時系列は整えられますので、どんどん思い出した順で書き落とすことに集中しましょう。

書くよりも、もっと思いつくままに……という人は「吐き出す」もありです。一人で話してそれを録音する、人に聞いてもらいながら自分の三年間を語ってみることで「吐き出す」のです。

この「吐き出す」ことのメリットは、本当に「思いつくまま」余計なことを考えずに頭の中にあるものを出せる点です。また、人に聞いてもらいながらの場合には、相手が質問などをしてくれることで、そのときの感情を思い起こしたり、忘れていたことを思い出したりすることもできます。

ただ、録音であれ人に聞いてもらうスタイルであれ、後で職務経歴書などにまとめるときに、結局は紙に落とし込むことが必要になりますので、人に聞いてもらいながらの場合には、都度メモを取っておくのが後々思い出す上でも良いでしょう。

書き落とす、吐き出す、いずれかの方法で頭の中にあるものを一旦外に出し切った後には、それを職務経歴書などに時系列順で落とし込みます。

「職務経歴書」を書くのが初めてでも、ネット上にフォーマットやサンプルもたくさんあるので、それらを参考にしてまずは書いてみることです。

過去に書いたことがある人でも、そこからのアップデート内容があるので加筆します。そのタイミングで他に思い出した実績などがあれば、遠慮なく追加しましょう。

そうやってざっと書いてみたら、「棚卸し」の一段階目は終了です。

これと次のステップ、②その内容を元に方向性の確認をすること、がセットで「棚卸し完了」となります。

①を終え、殴り書きであれ、職務経歴書に綺麗に落とし込んだものであれ、一旦、自分の目の前に三年間の「自分史」がある状態になりました。

これを見て、あなたは満足しましたか？　それとも不満なり、何か引っかかるところがありますか？

ここで、**三年間の振り返りを元に、今の自分が望むキャリアの方向と合っているかを、原点回帰して考えてみる**ことをお勧めします。

私の場合、営業などのように直接売上に貢献するより、裏方として人（社員）のために働くことの方がモチベーションが上がり、自分の力を発揮できると思っています。よって、「その方向性に合っているのか？」が私にとっての確認ポイントです。

出世や役職などの方向性を自分の指針として持っている人もいるかもしれませんし、それを否定はしません。ただ、それで続くモチベーションには限界があるように思いますので、それを一つの大きな方向性として持ちつつも、「それが本当に自分のしたいことや成し得たいことに合致しているか？」を考えてみるのが良いと思っています。

そういった視点での見直しの結果、自信満々であったけれども、じっくり見つめてみたら、自分の目指す方向性に対して、物足りない部分が見えてくるかもしれません。もしくは、想定外の方向に進んでいるけれど、この方向性で改めてやっていこうと思うかもしれません。

それはそれで自分が納得すれば問題のないことです。

大事なのは、とにかく「自分が向かいたい方向とのギャップを確認する。何かしらのギャップがあれば何をどうすれば埋められるかを考える」ということです。

その過程において、「本来自分がやりたいことや考える方向性からズレており、軌道修正が必要であると感じるけれど、今の仕事をさらに続けて成果を出したい」となったら……方向性を明確にした上での次の新たな三年を考えたら良いでしょう。その結果、転職や異動をすることによって、自分の行きたい方向を目指すとなれば、その方法を選べば良いだけです。

成功する転職のPoint❹

振り返れば
小さなことでも成長し、
成果を上げている。
しっかり棚卸しをして自分を認め、
褒めて、次への準備を抜かりなく！

5

前に進むための転職や社内異動で自分をバージョンアップ

転職や異動をしようと決めたら、振り返ることなく前向きな気持ちで進めていきましょう。

過去の栄光を手放そうと思い、棚卸しをし、自分の方向性を再確認して、「いざ転職や社内異動をしよう！」と決意しても……ついつい、さまざまな感情で引き戻されそうになるものです。

こんなに良い成果を残したんだし、今とても楽しいのに、わざわざ辞める必要があるか？　まだこの仕事に対して、もっとやるべきことがあるのではないか？　転職や異動をしたら、またイチから出直しだから面倒かも……などなど。いろいろな理由をつけて、「このままでいいか」と思ったりするものです。

そして、それを人に相談すると、相談相手によって回答が異なり、余計に悩みます。転職や社内異動を一度もしたことがない人、苦い経験を持っている人などに相談すると、「転職やら社内異動はすべきではない」と言われるのがオチでしょう。

一方で、転職を数回していたり、社内異動をして成功経験を持っている人などは、「新しい世界を見ることは大事だ」と背中を押すでしょう。

要は、**誰に相談するかでアドバイスの内容は変わる**ということです。そのため、相談する相手をよく考える必要がありますが、何よりも、「誰にどういった形で相談しようとも、最後は自分で決めること」が大事です。

それなりの成果を出して、居心地が良ければ良いほど、その環境から離れたくないものです。その気持ちはよくわかります。そんなときに自分に問いかけるとしたら「このままで成長できるか？」という質問です。

コロナ禍により、世の中は大きく様変わりしています。大手も含めて経営悪化している会社はたくさんあります。早期退職を実施する会社もこれからどんどん増えていくでしょう。「副業ＯＫ」としつつ、出社日数や労働時間を短縮させることで、社員に選択肢を与えながら、一方で実質的に人件費をカットする会社も増えます。労働者である私たちにとって絶好のチャンスとも言えますし、身の保証がされない恐怖でもあるわけです。

少し話はズレますが、日本は労働基準法（労基法）により、労働者の働く環境は他国と比べて守られています。それにより、成果が出ようが出まいが、ぬくぬくと生きられる環境が整っていました。会社も体力のあるうちは、「本当はいらない人だ」と思っている社員でも、法律上やたらとはクビにできないために「保留」にしていました。

しかしコロナ禍で会社の売上に影響が出たり、働き方の変化もあったりで、会社も社員である労働者もいろいろと考えさせられ、変化を求められるようになりました。居心地の良い場に、「まあもう少しはいても良いだろう」と思って、「ほんのちょっと」いた間に、世の中の流れが大きく変わり、自分が動きたいと思ったときには時すでに遅し、ということは十分に起こり得ることです。

これからの世の中がどんな方向に向かっていくのか、まだまだ見えない部分はありますが、だからこそ、**新しい場での経験やそこでの成果を「武器」にできるように進むべき**でしょう。

「自分をバージョンアップさせる」という意味は、職務のレベルや年収的なものも含めて、と私は捉えています。つまり現状の職位よりも上がって、年収も上がるという意味です。

転職の場合は、中途採用は「即戦力」として見られ、現状よりも「上」の実力で認めてもらえることが多いものです（もちろん、実績によりますが）。

実際に私自身も、初めての転職時、非管理職の状態から管理職レベルへと職位を上げた状態で転職をしました。

そのままの会社であれば、上が詰まっていてなかなか昇格するのが難しい場合でも、転職によりあっさりと職位が上がってしまうのは「転職あるある」です。

社内異動にもいくつかパターンがあると思います。

横スライド、つまり、職位などはそのままで他部署に異動するものもあれば、職位が上がるのもある種「異動」の一つになり得ると私は考えています。いずれも「現状維持からの脱却」だからです。

他部署への異動は部門を跨いだものであれば、転職と同じくらいの変化はあるかもしれません。会社が大きければ大きいほど縦割りが強くなり、各部門の中でのカルチャーが異なるということはよくあります。

同じ部署内で職位が上がる場合は、明らかに上司からの「期待値」が上がるので、それなりのプレッシャーがかかるでしょう。

転職、社内異動、いずれにせよ新たな環境でのチャレンジは、プレッシャーでありストレスであることは間違いありません。でも、あえてその道を選んだ先には、成長してバージョンアップした自分がいて、さらにその上のステージへと押し上げてくれる基礎を作っているはずです。

上を狙うことばかりがキャリアではないですし、長い年数企業人をやっていたら、上り坂ばかりではないでしょう。

でも、自分で考える方向性が決まっているならば、多少前後しながらも、その方向に進む。そのためには少しずつでも成長していくのが、長い目で見て「後悔しない」キャリアの積み方だと思っています。

成功する転職のPoint❺

居心地が良いという時点で
成長は見込めない。
否が応でも次のステージに向かって、
バージョンアップさせよう！

おわりに

ここまで読んでいただき、ありがとうございます。

本書を執筆するにあたって、これまでの社会人生活を何度も振り返りましたが、改めて、「新卒からさまざまなことを経験し、今に至っているなあ」と感慨にふけっています。

正直に話すと、新卒で入った頃は、自分がずっと働き続けることや部下を持った管理職になることは想像すらしていませんでした。キャリアなんてまったく考えていなかったのです。ましてや、新卒で入社して十年以上経ってから転職するなんて。

そんな感じでしたので、気づけば転職を三回もして、勝手に「キャリア」と言えるようなものがついてきていたといった感じでしょうか。

そんな私がここまでやってこられた理由は?と聞かれて、答えるとしたら、

「今、自分にできることをやりきる」
「相手の期待を上回る成果を出す」
「惜しまれて辞める人材になる」

といった点でしょう。これらを常に意識し、自分なりにこだわってきたからです。

その日々の積み重ねが今の私を作っているのだと思います。

実は、この「転職〝後〟の過ごし方」というテーマは、企画当初の案とは異なっています。

もともとは、主に女性を意識した「キャリア」に関する内容で話をしていたのですが、関係者の方と私が転職した経緯や転職した先で気をつけたことを雑談の流れで話をしている中で、「そのテーマの方がリアルで面白いのではないか?」となったのです。

そこから自身のキャリアヒストリーを物語のように文字に起こしていく中で、職務経歴書などには書き切れなかった内容、一つひとつの仕事をしたときの感情などが思い起こされてきました。

と同時に、楽しかった仕事や良くしてくれた上司や同僚は当然のことながら、厳しく指導してくれた上司や、苦行のようだった仕事などすべてに対して感謝の気持ちが湧いてきました。

当然のことながら、仕事や人間関係でうまくいかなかったこともたくさんありました。転職時ではなく、「こんな会社辞めたい！」と思ったことも数知れず……。

今は、苦しかったことも、「あのときのあの経験が、今のこれに役立っている」と言い切れます。今だから言えるのかもしれませんが。だからこそ、過去の会社での経験「すべてに感謝」です。


時々、「自分を成長させるためには転職をした方が良いですか?」と質問を受けることがあります。この答えは、その人自身にしかわからないと思います。

転職してもしなくても、それは人それぞれなので、自分で決めて納得できるなら良いのです。自分で腹を括って決めた先で成長できれば、その先が転職であろうが、今の会社であろうが、どこでもいいのです。

そういった点において、本書は転職関連の内容ではありますが、社内異動やプロジェクト参画時などにも応用できる内容になっていると思います。

私には今年二十歳になる一人娘がいます。彼女が三歳のときからシングルで育てており、彼女が小さい頃、国内外の出張時や帰りが遅くなるときなどには「いつ帰ってくるの？」「今日も遅いの？」と言われ、後ろ髪を引かれることが多々ありました。

自分が大黒柱なので働かなくてはならないということもありましたが、何より仕事が楽しかったので、自分の業務内容やその意義などを真剣に語ったこともありました。

そんな彼女も大学生となり、「私は自分の人生をしっかり生きる。キャリアも築いていきたいし、お母さんみたいに自立して社会に貢献し続けるよ」と言っています。

先日、母の日に彼女が手紙をくれました。その中に、

「お母さんが常に成長を目指して頑張っていることは私のモチベ（モチベーション）になっているので、これからも高め合っていこうね（笑）」

と書いてありました。

過去にも、後輩から「グロねえさんが道を作ってくれたから、後に続きたい」と言ってくれた人たちもいました。

私が歩んできた道のりが、娘や後輩に勇気を与えられたなら良かったかなと思っていましたが、今回の出版をきっかけに、誰かの何かの役に立てるなら、それだけでも意味があるのかな？　今はそんな気持ちです。

出版に際して、「私に書くことができるだろうか？」「読んでくださる方はいるのだろうか？」と不安を抱えていましたが、多くのTwitterのフォロワーさんたちから激励のメッセージをいただき、自身を鼓舞してここまでたどり着くことができました。

毎日反応してくださるフォロワーの皆さんに、改めて感謝しております。ありがとうございます。

また、構成を含めてアドバイスや、「いい感じですね！」など私のやる気を上手にコントロールして無事に出版まで導いてくださった編集担当の沼尻真和さん。ありがとうございました。

最後に、「本はいつ出るの？」「ちゃんと書いてるの？」「でも、お母さんならきっと書けるよ！」といつも応援してくれた娘にも、改めて伝えたいと思います。ありがとう。あなたがいるから、私はいつでも頑張れる。そしてこれからもいろんなことが待っているだろうけど、人生を楽しみつつ頑張るよ。

二〇二一年七月

グロねえ

〈著者略歴〉

グロねえ

慶應義塾大学卒業後、新卒として130倍の倍率を突破し、大手外資系ＩＴ企業へ入社。システムコンサルタントとして社会人生活をスタート。寿退社・専業主婦を経て同社に再入社後に育休を取得。本職の傍ら、女性活躍推進などのダイバーシティ関連プロジェクトをリード。それを転機として人事系に職種転換。ダイバーシティ／組織風土改革専門として別業界の大手外資系２社に転職。各社において、女性活躍・ダイバーシティ関連で数々の賞の受賞や事例紹介としての取材を受けるなど、メディアに取り上げられる。

それらの外資系で20年以上勤務した後に、グローバル展開する日系企業に転職。現在は「本社」の立場として、働きがいや組織風土改革のグローバル展開に従事している。

公私において、世界（グローバル）と日本（ローカル）のいいとこ取りを目指すことから、「グローカル姉」としてTwitterを2019年１月より本格的に開始し、フォロワー数は２万人以上、現在も毎日発信中。今ではその略称「グロねえ」が定着し、男女問わずビジネスマンや就活生などの支持を受ける。

プライベートでは、シングルで育てたアメリカの大学に通う娘の母親。

Twitter ID：@glocaleducate

「転職後」の教科書
3年以内に結果を出す31のルール

2021年9月2日　第1版第1刷発行

著者　グロねえ
発行者　後藤淳一
発行所　株式会社ＰＨＰ研究所

東京本部　〒135-8137　江東区豊洲5-6-52
第一制作部　☎03-3520-9615（編集）
普及部　☎03-3520-9630（販売）
京都本部　〒601-8411　京都市南区西九条北ノ内町11

PHP INTERFACE　https://www.php.co.jp/

編集協力
組版　株式会社PHPエディターズ・グループ
印刷所
製本所　図書印刷株式会社

ISBN978-4-569-85019-1

PHPの本

究極の人間関係改善術

職場の「苦手な人」を最強の味方に変える方法

片桐あい 著

「言い訳部下」「手柄横どり上司」など職場の困った人を9タイプに分類。強力な味方に変身させ、仕事の成果を100倍に高めるスキルを公開。

定価 本体一、四〇〇円（税別）

PHPの本

カリスマ予備校講師が初公開！

感動する説明「すぐできる」型

犬塚壮志 著

目からウロコ！　おもしろい！　連発の説明を誰もができる「8つの型」を、カリスマ予備校講師が伝授。話がつまらないとはもう言わせない！

定価　本体一、五〇〇円（税別）

PHPの本

東大院生が開発！

頭のいい説明は型で決まる

犬塚壮志 著

難しいことを深くやさしく説明するノウハウを公開！　元駿台予備校カリスマ講師が1万人以上の生徒をみてきてわかった奇跡の「学習科学」。

定価　本体一、五〇〇円（税別）